I0841392

Resilienz trainieren

Mit dem 7-Säulen-Prinzip zur inneren Stärke und Gelassenheit

Bonus: 5 Techniken zur Stressbewältigung und Vorbeugung einer Depression

Felix Kohnthaler

Alle Ratschläge in diesem Buch wurden vom Autor und vom Verlag sorgfältig erwogen und geprüft. Eine Garantie kann dennoch nicht übernommen werden. Eine Haftung des Autors beziehungsweise des Verlags für jegliche Personen-, Sach- und Vermögensschäden ist daher ausgeschlossen.

Resilienz trainieren
Copyright © 2020

Alle Rechte, insbesondere das Recht der Vervielfältigung und Verbreitung der Übersetzung, vorbehalten. Kein Teil des Werkes darf in irgendeiner Form (durch Fotokopie, Mikrofilm oder ein anderes Verfahren) ohne schriftliche Genehmigung des Verlages reproduziert oder unter Verwendung elektronischer Systeme gespeichert, verarbeitet, vervielfältigt oder verbreitet werden.

Auflage 2020

INHALT

Das erwartet Dich in diesem Buch

Hast du schon einmal das Gefühl gehabt, dass dir alles zu viel wird? Dass du nicht mehr weißt, wie du mit dem Stress umgehen sollst? Dass das Leben einfach unfair ist und nur dir immer solche riesigen Probleme vor die Füße wirft?

Dieses Gefühl kennen viele Menschen, auch wenn es den meisten von außen nicht anzusehen ist. Dennoch gibt es Menschen, die solche stressigen Situationen oder Krisen unbeschadet überstehen und mit einem Lächeln daraus hervorgehen und mit strahlenden Augen weiter machen. Diese Einstellung kannst auch du lernen. Denn Menschen mit solchen Bewältigungsstrategien bezeichnet man als resilient. Die menschliche Resilienz ist trainierbar. So kannst auch du widerstandsfähiger werden und lernen, wie du deine inneren Ängste und äußeren Krisen, die das Leben dir bietet, bewältigen kannst. Dabei hilft dir dieses Buch. Es wurde explizit für Anfänger gestaltet und enthält neben vielen ausführlichen Erklärungen auch diverse Tipps und Übungen, die du in deinen Alltag integrieren kannst. Dadurch trainierst du deine Widerstandsfähigkeit, erlangst innere Ruhe und erhöhst deine Resilienz. Ein toller Nebeneffekt ist, dass du damit gleichzeitig auch dein Selbstwertgefühl stärkst. Das kann dir dabei helfen, Depressionen vorzubeugen, mit dir selbst in Einklang zu kommen und Krisen unbeschadet zu überstehen. Aus diesem Grund werden in diesem Buch die psychologischen Hintergründe der Resilienz ausführlich und Schritt für Schritt erklärt.

Damit verbunden sind auch immer Anwendungstipps, die du noch heute mit wenig Aufwand und aus deiner eigenen Kraft heraus in deinem Leben umsetzen kannst. Durch eine höher ausgeprägte Resilienz wirst du auf Dauer aktiver und zufriedener und lernst dich selbst besser kennen. Das bedeutet, dass das Training deiner Resilienz dein Leben grundlegend verändern und positiv beeinflussen kann. Du musst nur den ersten Schritt wagen.

Ursprung, Definition und Beeinflussung von Resilienz

Manchmal möchte man am liebsten alles hinwerfen: Der Partner trennt sich, ein geliebter Mensch verstirbt, der Arbeitsplatz wird gekündigt, man verliert viel Geld, die Krisen und Schicksalsschläge häufen sich und man sieht kein Ende. Trotzdem können wir diese schlimmen Phasen meistens unbeschadet überstehen. Doch woran liegt das? In der Psychologie bezeichnet man diese seelische Abwehrkraft des Menschen als Resilienz.

WAS IST RESILIENZ?

Resilienz ist die Fähigkeit eines Menschen, Lebenskrisen zu überstehen, ohne nachhaltig beeinträchtigt zu werden, sondern sich stattdessen wieder selbst aufzubauen. In der Verhaltensforschung konnte diese seelische und emotionale Widerstandskraft beim Menschen beobachtet werden. Sie zeichnet sich dadurch aus, dass Krisen, Probleme und Schicksalsschläge das Individuum nicht nachhaltig charakterlich verändern. Im Gegenteil, der Mensch schafft es, sich selbst aus dem Leid heraus zu holen, aus dem Unglück zu lernen und sich selbst zu verbessern durch das Erleiden der Krise. Er findet in sich selbst eine Kraft, die ihn aufstehen und weitermachen lässt, die so stark ist, dass man sich neuen Herausforderungen stellen kann, statt aufzugeben.

Diese psychische Widerstandsfähigkeit befähigt den Menschen, Krisen zu überstehen und dabei auf Ressourcen aus der eigenen Persönlichkeit sowie dem sozialen

Umfeld zurückzugreifen. Des Weiteren werden Schicksalsschläge durch die Resilienz von der menschlichen Psyche sogar als Anlass gesehen, sich selbst weiter zu entwickeln.

Aus diesem Grund leistet die Resilienz einen großen Beitrag zur psychischen Gesundheit, zur seelischen Widerstandsfähigkeit, zur Selbsterhaltung und zur Anwendung von Bewältigungsstrategien in Krisensituationen.

Schon bei Kindern ist diese Kraft vorhanden. Allerdings ist die Ausprägung abhängig vom Grad der Unterstützung und der Beziehung zu einer Vertrauensperson.

Das Gegenteil der Resilienz ist die Vulnerabilität, die Verletzlichkeit. Menschen mit einer hohen Vulnerabilität sind sehr verletzlich und werden von Krisen schwer getroffen und langfristig negativ beeinflusst. Sie neigen zu psychischen Erkrankungen, wie zum Beispiel Depressionen.

Deshalb ist es wichtig, ein hohes Maß an Resilienz aufzuweisen. Doch woher stammt der Begriff eigentlich?

WO LIEGT DER URSPRUNG?

Der Begriff der Resilienz stammt aus dem psychologischen Bereich der Verhaltensforschung und wurde erstmals in den Neunzigerjahren verwendet. Der Fachbegriff stammt ab von dem lateinischen Wort *resilio*, was so viel wie *zurückspringen* oder *abprallen* bedeutet. Außerhalb der Psychologie wird der Begriff *resilient* bereits seit langer Zeit in der Physik verwendet, um Materialien zu beschreiben, die hochelastisch sind und sich auf diese Weise nach jeder Art der Umformung in ihre ursprüngliche Form zurückformen.

Übertragen auf die Psychologie bedeutet das also, dass die menschliche Seele dazu fähig ist, nach der Schwächung durch einen schweren Schicksalsschlag von ihrer negativen Verformung in die ursprüngliche, kräftige Form zurückzukommen.

Ist Resilienz nun also angeboren? Oder kann ich diese Fähigkeit erlernen?

Ursprünglich verwendete die Psychologin Emmy Werner den Begriff *resilient* zuerst für Menschen, vor allem Kinder, die ihre psychische Gesundheit selbst aufrechterhalten konnten, und das auch unter schwierigen Bedingungen, die andere Personen zum Aufgeben zwangen. In den meisten Fällen wurde dazu vor allem die Lebensführung der Menschen beobachtet, zum Beispiel, ob sie trotz einer schweren Kindheit, beispielsweise durch Flucht oder Armut, in der Lage waren, einen Schulabschluss zu absolvieren und einen Beruf auszuführen. Im Laufe der Forschung wurde die Verwendung des Begriffs *resilient* in der Psychologie jedoch ausgeweitet und auf andere Situationen übertragen. So gelangte man zu der Erkenntnis, dass der Mensch eine psychische Abwehrkraft hat, deren Widerstandsfähigkeit sich positiv auf seine Lebensführung auswirkt. Aus diesem Grund bezeichnet man heute Menschen als resilient, die dazu fähig sind, mit Belastungen gut umzugehen und ihre seelische Gesundheit aufrechtzuerhalten. Grundlage dafür ist, dass sie selbst davon überzeugt sind, dass sie ihr Leben in der Hand haben und nicht von Schicksal oder Ähnlichem abhängig sind. Diese interne Kontrollüberzeugung ist ausschlaggebend für die Selbsteinschätzung der Menschen, die in diesem Fall meistens sehr realistisch ist. Das wiederum führt zu einem hohen Maß an Resilienz. Dadurch können sie nicht nur Krisen, sondern auch Traumata wie eine Vergewaltigung oder Kriegserfahrung überstehen und weitermachen.

Ein weiterer Indikator für eine stark ausgeprägte Resilienz ist das Persönlichkeitsprofil eines Menschen, das sich an den Big-Five der Persönlichkeitsfaktoren orientiert. Dabei unterteilt man die menschliche Persönlichkeit in fünf Faktoren: Offenheit, Gewissenhaftigkeit, Verträglichkeit, Extraversion (meint in etwa Optimismus und Geselligkeit) und Neurotizismus (Ängstlichkeit und emotionale Labilität). Resiliente Menschen weisen ein typisches Big-Five-Profil auf: Sie haben sehr wenig Neurotizismus, aber dafür sind die anderen vier Faktoren stärker ausgeprägt. Man könnte also zusammengefasst sagen, dass resiliente Menschen sich dadurch auszeichnen, dass sie belastbar, neugierig, selbstbewusst, aufmerksam, fleißig und anpassungsfähig sind.

Das Gute daran ist, dass in diversen psychologischen Studien in den 1950er Jahren festgestellt werden konnte, dass man Resilienz erlernen kann. Dazu wurden beispielsweise in den USA ungefähr 700 Kinder aus schwierigen sozialen Verhältnissen über 40 Jahre hinweg beobachtet.

Dabei fiel auf, dass sich einige Kinder trotz ihrer schweren Kindheit ein gutes Erwachsenenleben aufbauen konnten. Dennoch veränderte sich ihre Resilienz im Laufe des Lebens je nach Umfeld, wovon die Forscher auf die Erlernbarkeit bzw. die Trainierbarkeit von Resilienz schlossen. Voraussetzung dafür ist die Annahme, dass der Mensch ein dynamisches System ist, dessen Psyche sich verändern und an die Lebensumstände anpassen kann. Wer selbst von dieser Ansicht überzeugt ist, der hat gute Voraussetzungen für eine hohe Ausprägung an Resilienz.

WAS BEEINFLUSST DIE RESILIENZ?

Wie bereits vorangehend beschrieben, gibt es einige Faktoren, die die Ausprägung der Resilienz eines Menschen positiv oder negativ beeinflussen können. Dazu gehören Umweltfaktoren, personale Faktoren und Prozessfaktoren. Zu den Umweltfaktoren zählen Dinge wie die Kindheit, die Familie, das soziale Umfeld, die Kultur, die schulische Bildung und vieles mehr. Die personalen Faktoren sind die psychischen Anlagen eines Individuums, das bedeutet, die Ausprägung der Big-Five sowie kognitive und emotionale Voraussetzungen. Zu den Prozessfaktoren zählen alle Ereignisse, die im Laufe eines Lebens eines Menschen geschehen und der Umgang mit diesen, das heißt, die Perspektive, die Akzeptanz und die Anstrengung, damit umzugehen.

Daraus konnte aber auch eine Art Regelmäßigkeit abgeleitet werden. Denn man stellte fest, dass Menschen, die in Gemeinschaften verankert sind, Zusammenhalt verspüren und sich an der Gruppe orientieren, stärker resilient sind als Menschen, die eher Einzelgänger sind. Dennoch ist die Resilienz keine feste Eigenschaft, sondern sie ist ein dynamisches Konstrukt, das immer wieder durch die oben genannten Faktoren verändert und beeinflusst werden kann.

Neben der Erforschung des Einflusses durch Kindheit, Persönlichkeit und Familie werden inzwischen jedoch auch andere Faktoren in Betracht gezogen. Dazu zählen unter anderem die Migration, die Bildung, die Kultur und auch die Religion.

Des Weiteren wird seit den 1980er Jahren ein möglicher Einfluss von Genen auf die Resilienz diskutiert.

Denn die genetische Veranlagung beeinflusst auch die Persönlichkeitsmerkmale und könnte so zumindest indirekt einen starken Einfluss haben. Zusätzlich ist der Hormonspiegel eines Menschen von seinem genetischen Code abhängig. Hormone wirken sich direkt auf das Verhalten eines Menschen aus. Dadurch könnte auch hier ein indirekter Einfluss der Gene auf die Resilienz vorliegen.

Im Gegensatz dazu ist der Zusammenhang von psychischen Erkrankungen und Resilienz bereits gut erforscht. So geht man davon aus, dass eine hohe Resilienz eine geringe Anfälligkeit für psychische Störungen bewirkt. Wohingegen eine niedrige Resilienz auch psychische Erkrankungen wie Belastungsstörungen und Depressionen verstärken kann.

Dennoch ist die Resilienz – wie oben bereits erwähnt – durchaus erlernbar oder zumindest trainierbar. So kann das familiäre Umfeld eines Kindes zur Entwicklung von Resilienz bei Kindern beitragen, indem die Eltern zum Beispiel eine starke emotionale Bindung aufbauen, ein aktives Leben in der Umgebung einer Gemeinschaft vorleben und Wert auf Selbstentwicklung und Bildung legen.

Diese Rolle können jedoch auch ältere Geschwister, Verwandte oder Bekannte einnehmen. Generell wirken sich Förderung und Unterstützung positiv auf die Resilienz eines Kindes aus.

Die Ausprägung von Resilienz kann sich jedoch auch auf ganze Gruppen auswirken. Entscheidend ist dabei vor allem die Stärke des sozialen Netzes innerhalb der Gruppe. So sind Gruppen oder Gesellschaften dann regenerations- und widerstandsfähiger und können besser mit überraschenden Katastrophen umgehen, wenn sich der Einzelne in die Gemeinschaft eingebunden fühlt.

WIE KANN ICH PROBLEM- UND LÖSUNGSORIENTIERT VORGEHEN?

Da die Resilienz ein dynamisches System ist, kann man auch lösungsorientiert an einer niedrigen Ausprägung arbeiten und ihr entgegenwirken. Dabei ist die Problemorientierung entscheidend, denn durch sie betrachtet man die Resilienz als veränderbar.

Deshalb wurden therapeutische Methoden in der Psychologie entwickelt, die bereits beispielsweise im Training von Managern zum Einsatz kommen. Außerdem wird in den USA die Resilienz auch bei der US-Army trainiert, sodass die Soldaten besser mit traumatischen Erfahrungen aus Kriegssituationen umgehen können. Dieses Training nimmt inzwischen an Bedeutung in der Ausbildung der deutschen Bundeswehr zu.

Wie genau du selbst in deinem eigenen Leben deine Resilienz trainieren kannst, wird in den folgenden Kapiteln ausführlicher erläutert und dargestellt, sodass du die Tipps direkt im Alltag umsetzen und anwenden kannst.

Das Selbstwertgefühl: Relevanz und Umgang

Eine entscheidende Grundlage für die Ausbildung von Resilienz ist das Selbstwertgefühl. Doch was versteht man darunter?

Wie der Begriff schon zeigt, geht es dabei um das Gefühl bzw. die Einschätzung, die ein Mensch über seinen eigenen Wert hat. Konkreter wird das zum Beispiel durch die Verwendung der Synonyme Selbstbewusstsein, Selbstsicherheit oder Selbstvertrauen. Es geht demnach um die individuelle Meinung über den eigenen, subjektiven Wert. Diese Einstellung ist laut aktuellen Meinungen in der Psychologie entscheidend für einen Menschen, da sie Lebensfreude, Erfolg und ein glückliches Leben des Individuums beeinflusst. Das liegt daran, dass man sich selbst nur so wertschätzend behandelt und verhält, wie man sich wahrnimmt.

Aus diesem Grund gibt es inzwischen viele Ansätze, mit deren Hilfe man lernen kann, das eigene Selbstwertgefühl zu steigern. Grundlage dafür ist die Annahme, dass das Selbstwertgefühl – wie auch die Resilienz – sich im Laufe eines Lebens verändert und somit auch beeinflusst werden kann. So konnten psychologische Studien zeigen, dass die Selbsteinschätzung von der Pubertät bis zum Erreichen des 60. Lebensjahres ansteigt, anschließend jedoch abfällt. Das führen die Forscher darauf zurück, dass man sein Leben bis zum Rentenalter selbst gestaltet: Man beendet die Schule, absolviert eine Ausbildung jeglicher Art, übt einen Beruf aus, gründet eventuell eine Familie oder eine Partnerschaft. All diese Aspekte fördern die Einstellung zu sich selbst: Denn man wählt Berufe oder Partner, mit denen man sich identifiziert, man gestaltet sein Leben nach den eigenen Vorstellungen und wählt nach Möglichkeit einen Beruf, in dem man sich selbst verwirklichen kann. Durch das Erreichen dieser Ziele schätzt man sich selbst wert, man baut Selbstvertrauen auf.

Das Selbstwertgefühl ist also die Einschätzung von sich selbst oder die Bewertung des eigenen Ichs, die – sofern sie positiv ausfällt – dazu beiträgt, dass wir uns selbst vertrauen und das Überwinden von Krisen und Hürden zutrauen. Wir glauben an uns selbst, wenn wir unseren Selbstwert erkennen. Diese Einstellung, das Vertrauen in sich selbst, hängt jedoch auch mit Forderungen zusammen: Denn wer sich selbst als wertvoll wahrnimmt, der weiß auch, dass er es wert ist, glücklich zu sein, gut behandelt, wertgeschätzt und geliebt zu werden. Er weiß, dass es sein Recht ist, frei zu leben, eigene Werte zu entwickeln und seinen persönlichen Bedürfnissen nachzugehen. Das fordert er auch ein – und darf das auch! Denn diese Einstellung hat weitreichende Auswirkungen: Wir behandeln unsere Mitmenschen nur so, wie wir auch uns selbst behandeln und umgekehrt. Das bedeutet, dass nur derjenige, der sich selbst wertschätzt, auch anderen gegenüber wertschätzend auftritt und sich umgekehrt auch nur wertschätzend von anderen behandeln lässt. Demnach beeinflusst das Selbstwertgefühl die Selbstwahrnehmung und indirekt dadurch auch die Fremdwahrnehmung.

Die Stärkung des eigenen Selbstwertgefühls ist entscheidend für die Lebensführung, denn wer in sich selbst vertraut und an sich selbst glaubt, der kann frei und unabhängig leben. Dadurch kann man sein Leben vollkommen selbstbestimmt gestalten, da man keine Angst vor Herausforderungen oder der Meinung anderer hat. Wer ein hohes Selbstwertgefühl hat, der traut sich selbst zu, mit Schwierigkeiten umzugehen, und glaubt daran, ein erfolgreiches und glückliches Leben führen zu können, da er es aus sich selbst heraus schafft und auch verdient. Denn er kennt seinen Wert, verteidigt seine Rechte, folgt seinem Ziel und orientiert sich an seinen eigenen Vorstellungen. Das ist so wichtig, da die heutige Welt schnell, komplex und wandelbar ist; nichts ist stetig und so muss jeder in sich selbst seine eigene Konstante sein.

Doch wie entwickeln wir eigentlich ein Selbstwertgefühl? Der Grundstein dafür liegt in den Genen eines jeden Menschen. Die dortige Ausprägung ist zum Teil entscheidend für die Ausprägung unseres Selbstwertgefühls.

Ein anderer wichtiger Aspekt ist jedoch auch unsere Umwelt und die Erfahrungen, die wir mit ihr machen. Dazu gehören zum Beispiel die Kindheit und die Erziehung durch die Eltern, Freunde, soziale Gruppen, Erfolge und Misserfolge, Krisen, Schicksalsschläge und Erlebnisse. Wer durch – oder trotz – seiner Gene und seiner Umwelt ein hohes Maß an Selbstwertgefühl entwickeln kann, der fühlt sich meistens wohl und hat gute Chancen, psychisch gesund zu sein. Im Gegensatz dazu sind Menschen mit einer niedrigen Ausprägung von Selbstwertgefühl oftmals sehr selbstkritisch. Das führt dazu, dass sie sich selbst und ihr Leben als wertlos wahrnehmen, Fehler und Krisen sich selbst zuschreiben und psychisch labil sind. Dadurch hemmen sie sich selbst, bleiben unter ihren Möglichkeiten und erreichen im Vergleich weniger ihrer Ziele. Nur so kann man an sich glauben und für seine Ziele kämpfen. Diese Einstellung kann man erlernen und trainieren.

Der erste Schritt, gegen depressive Stimmungen und Gefühle anzukämpfen, ist demnach die Entwicklung eines besseren Selbstwertgefühls. Dazu kann man verschiedene Methoden anwenden.

METHODEN ZUR STÄRKUNG DES SELBSTWERTGEFÜHLS

Der erste Schritt zur Stärkung des eigenen Selbstwertgefühls ist, dass man damit aufhört, sich stetig mit anderen Menschen zu vergleichen. Denn dadurch, dass man sich auf die Unterschiede zwischen dem eigenen Leben und dem Leben anderer fokussiert, verliert man den Blick für die guten Seiten am eigenen Leben. Stattdessen sieht man eher, was man selbst nicht hat, andere dafür aber schon. Das macht auf Dauer unglücklich. Zudem entstehen so auch Selbstzweifel, da die Gründe für den Unterschied in der eigenen Persönlichkeit liegen müssen. Da man das Gegenteil erreichen möchte, sollte man zur Stärkung des Selbstwertgefühls stattdessen von Vergleichen Abstand nehmen und sich darauf konzentrieren, was man selbst erreicht hat und worüber man glücklich sein kann. Denn durch eine wertvollere Wahrnehmung des eigenen Lebens steigt auch die Einschätzung des eigenen Werts an.

Ein weiterer Schritt ist es, sich klar zu machen, was man eigentlich alles kann. Denn jeder Mensch hat Stärken und großartige Eigenschaften, die ihn einzigartig und besonders machen, die seinem Charakter einen Wert verleihen. Vielleicht fallen dir jetzt keine konkreten Eigenschaften ein, die du an dir magst. Dann denke an Dinge, auf die du stolz bist und überlege, wodurch du diese Erfolge erreichen konntest. Oder sprich mit Familie und Freunden – sie können dir bestimmt auf Anhieb starke Eigenschaften und bewundernswerte Charakterzüge nennen.

Damit hängt auch ein weiterer Schritt zusammen, durch welchen man sein Selbstwertgefühl stärken kann: Nimm Komplimente einfach an. Wenn einem Menschen jemand ein Kompliment macht, dann reagieren viele beschämt, zurückhaltend oder abwehrend. Aber warum eigentlich? Ein Kompliment zeigt doch, dass jemandem etwas sehr Positives an dir aufgefallen ist, dass er so sehr zu schätzen weiß, dass er es dir sagen möchte. Darüber kann man sich freuen! Es gibt keinen Grund, beschämt zu sein oder sich in diesem Moment schlecht zu reden. Nimm das Kompliment einfach an, bedanke dich und freue dich. Du bist wertvoll und auch andere nehmen das wahr! Das ist ein tolles Gefühl und bestärkt das eigene Selbstwertgefühl sehr. Und das darf es auch.

Daran anknüpfend sollte man auch an seiner inneren,

kritischen Stimme arbeiten. Denn oftmals kritisiert man sich selbst viel härter und verurteilt eigene Handlungen und Entscheidungen viel stärker, als man es bei anderen tun würde. Das ist eigentlich traurig, denn es gibt keinen Grund, zu uns selbst gnadenloser zu sein, als wir es zu anderen sind. Es wäre doch viel schöner, wenn wir uns selbst genauso mögen würden wie unsere Freunde. Dann sollten wir uns selbst aber auch so behandeln: liebevoll, empathisch und nachsichtig. Versuche es! Das wird dein Selbstwertgefühl steigern. Denn du darfst Fehler machen.

Dazu gehört auch die Belohnung. Andere Menschen loben wir, wir machen Komplimente und freuen uns mit ihnen. Unsere eigenen Erfolge jedoch schätzen wir meistens nicht richtig. Sie sind da und das ist schön, jedoch gibt es gleichzeitig immer auch negative Aspekte in unserem Leben. Stopp! Hör auf damit! Freue dich stattdessen über deine Erfolge, mögen sie noch so klein und alltäglich sein. Feiere sie und konzentriere dich darauf, stärke dein Selbstwertgefühl und mache dir bewusst, was du alles Großartiges erreicht hast und noch erreichen kannst.

Diese Selbststärkung kann man zusätzlich fördern,

indem man dafür sorgt, dass es bereits mehr Möglichkeiten für Erfolgserlebnisse gibt. Grundlage dafür ist es, sich selbst kleinere und realistischere Ziele zu setzen. Denn diese sind viel leichter erreichbar und so tritt viel schneller ein Erfolgserlebnis ein. Somit kann man sich öfter freuen, selbst loben und den eigenen Fortschritt erkennen. Durch diese positiven Erlebnisse wird automatisch das Selbstwertgefühl gesteigert, man glaubt mehr an sich selbst und traut sich mehr zu. Daraus resultiert ein stärkeres Selbstbewusstsein, wodurch man mehr wagt und versucht. Man wird aktiver, erreicht mehr, traut sich die Bewältigung von größeren Herausforderungen zu, kann sich mehr Ziele stecken und über Erfolge freuen. Ein positiver Kreislauf der Bestärkung.

Ein weiterer Schritt zur Stärkung des Selbstwertgefühls ist es, sich selbst zufrieden zu stellen. Dazu sollte man öfter die Dinge tun, die man gerne macht. Das kann ein Hobby sein, ein Ort oder eine Aktivität. Durch den Spaß wird man glücklicher und zufriedener, man mag sich selbst und das eigene Leben lieber. Denn wenn man erlebt, was man sich wünscht, dann verschwindet die Kluft zwischen unseren Wünschen und der Realität, die uns sonst unglücklich und unzufrieden macht. Und warum sollte man die schönen Dinge eigentlich nur an bestimmten Tagen tun?

Diese Zufriedenheit stärkt auch unser Selbstbewusstsein und den Glauben an uns selbst. Dadurch wiederum sind wir für kritische Situationen besser gerüstet und können besser damit umgehen, da wir stärker und optimistischer sind. Außerdem kann es für die Bewältigung schwieriger Situationen auch hilfreich sein, über sein eigenes Verhalten nachzudenken. Wenn man zum Beispiel stark kritisiert oder gekränkt wurde, dann beeinflusst das uns zum Teil für längere Zeit negativ. Doch liegt das wirklich an dem, was gesagt wurde, oder sind wir nicht eher mit uns selbst unzufrieden, mit unserer Reaktion und mit unserem Verhalten in der damaligen Situation? Denke darüber nach und wappne dich so für die nächste Situation. Überlege dir, wie du reagieren möchtest, was du sagen willst und wo für dich die Grenze deiner Toleranz liegt. So kannst du solche Situationen souverän und selbstbewusst überstehen, fühlst dich danach bestärkt und dein Selbstwertgefühl steigt.

Außerdem kann es fördernd sein, anderen Menschen

zu helfen. Denn wenn man für andere da ist, sie unterstützt, ermutigt und bestärkt, dann fühlt man sich auch selbst besser. Das liegt zum einen daran, dass Geben sich einfach gut anfühlt. Zum anderen entstehen so auch starke Gemeinschaften. Diese Erfahrung stärkt das Selbstwertgefühl auf umfangreiche Art und Weise.

Schließlich ist ein weiterer Schritt die Gestaltung des eigenen Umfelds. Denn wer von Menschen umgeben ist, die immer negativ und pessimistisch sind, der lässt sich davon schnell anstecken. Umgekehrt jedoch auch: Wer viel von Menschen umgeben ist, die positiv, optimistisch und lebenslustig sind, der lässt sich irgendwann mitreißen. Dann kann man lernen, Schwierigkeiten zu relativieren, den Kontext zu beachten und sich auf die positiven Aspekte zu konzentrieren. Dadurch wird man glücklicher und zufriedener und das eigene Selbstwertgefühl steigt.

DIE SECHS SÄULEN DES SELBSTWERTGEFÜHLS

Eine andere Methode, um das Selbstwertgefühl zu steigern, sind die sechs Säulen des Selbstwertgefühls. Nach dieser Theorie wächst das eigene Selbstwertgefühl durch die Anwendung jeder dieser Säulen in seinem Leben. Damit ist die Methode praxistauglich und kann direkt im Alltag angewendet werden. Die Säulen sind: Bewusster Leben, sich selbst annehmen, eigenverantwortlich leben, sich selbstsicher behaupten, zielgerichtet leben und persönliche Integrität. Diese Theorie zur Entwicklung eines hohen Selbstwertgefühls stammt von einem Psychotherapeuten aus den USA.

Nachfolgend werden die einzelnen Aspekte ausführlich erklärt, beschrieben und veranschaulicht, sodass man die praktischen Tipps direkt in den eigenen Alltag integrieren kann.

1) BEWUSST LEBEN

Bewusst leben – diesen Ratschlag hört man immer wieder von verschiedenen Ansätzen und Fachrichtungen. Doch was genau bedeutet es, bewusst zu leben? Wie kann ich bewusst leben? Die Voraussetzung ist, dass man sich auf die Realität konzentriert. Der Fokus muss im Hier und Jetzt liegen. Dazu gehört auch, sich seiner Gefühle bewusst zu werden, sie nicht zu unterdrücken und zu akzeptieren, wie man gerade empfindet. Das bildet die Ausgangslage: Man wird sich seiner Gefühle, Wünsche, Werte und Absichten bewusst, nimmt sie wahr und handelt dann danach. Damit lebt man bewusst in der Realität, nimmt sich bewusst im Moment wahr und lernt so, sich selbst zu akzeptieren. Denn wenn man nichts verdrängt oder verschiebt, dann kann man auch nichts leugnen. Stattdessen wird man sich darüber klar, wer man ist und wie man tickt. Aus dieser Erkenntnis kann eine bewusste Lebensgestaltung in Einklang mit dem eigenen Selbst entstehen. Außerdem steigt auch das Selbstwertgefühl, da man das Leben bewusst nach den eigenen Werten und Absichten gestaltet. Man folgt den eigenen Bedürfnissen und erfüllt sie sich – insofern möglich – und wird sich dadurch über sich selbst bewusst. Zudem steigt das Gefühl, dass man sich selbst als wichtig und wertvoll wahrnimmt. Fokussieren wir uns also bewusst auf den Moment und nehmen uns selbst in ihm wahr, so können wir unsere Bedürfnisse erkennen, unser Leben nach ihnen ausrichten und durch die gute Selbstbehandlung ein hohes Selbstwertgefühl entwickeln.

Um sich seines Verhaltens bewusst zu werden, können Leitfragen hilfreich sein. So kann man sich zum Beispiel fragen, ob die aktuelle Verhaltensweise sinnvoll und zufriedenstellend ist oder ob man gerne etwas verändern würde. Weiterführend sollte man darüber nachdenken, was genau die Veränderung verhindert. So kann man sich seiner Bedürfnisse bewusst werden und beginnen, danach zu handeln. Für den Anfang ist es eine gute Idee, sich einen Termin zu setzen, an welchem man die Achtsamkeit und das bewusste Wahrnehmen des Moments übt. So wird man daran erinnert und kann sich die Zeit nehmen, um über den aktuellen Moment und die eigenen Beweggründe nachzudenken. Anschließend sollte man Veränderungen angehen. Dabei kann man klein anfangen und Alltagsroutinen verändern. Mit der Zeit kann man zu größeren Veränderungen, wie dem eigenen Verhalten in bestimmten Situationen, der aktuellen Jobsituation oder störenden Lebensumständen, übergehen. Auch lernt man das bewusste Wahrnehmen an den festen Terminen und sollte so automatisch mit der Zeit dazu übergehen, das ganze Leben bewusst wahrzunehmen und nur noch nach den eigenen Bedürfnissen zu handeln. Dafür kann es motivierend sein, bewusste Momente, Veränderungen und Erfolge aufzuschreiben, da man so nachlesen, sich erinnern und die eigene Entwicklung beobachten kann. Man kann sich selbst dazu motivieren, durchzuhalten und sein Leben zu ändern, sodass man schließlich frei, selbstbestimmt und zufrieden leben kann.

2) SICH SELBST ANNEHMEN

Die zweite Säule zur Entwicklung eines gesunden Selbstwertgefühls ist „sich selbst annehmen". Dieser Aspekt hängt stark mit der ersten Säule der bewussten Wahrnehmung zusammen. Denn um zufrieden leben zu können, muss man sich selbst nicht nur wahrnehmen, sondern auch akzeptieren. Das fällt wahrscheinlich anfangs schwer, doch es ist wichtig, sich klar zu machen, dass die Wünsche, Bedürfnisse und Gefühle, die man empfindet, vollkommen in Ordnung sind. Natürlich kann man sich zu einem gewissen Grad auch selbst verändern, doch Grundlage des Lebens ist das eigene Selbst. Jeder Mensch hat Charaktereigenschaften, Fähigkeiten und Ziele, die ihn zu dem Menschen machen, der er ist. Das sollte man sich klar machen und lernen, es zu akzeptieren. Du bist wie du bist und das ist gut so! Man kann sich ewig damit quälen, jemand anders sein zu wollen, oder man lernt sich so lieben, wie man ist. Natürlich ist es wichtig, dieses Sein nicht als statisches, sondern als dynamisches System wahrzunehmen, an dem man arbeiten und das man verändern kann. Dafür sind die eigenen Wünsche und Ziele wichtig. Wenn man sich also bewusst wahrnimmt und akzeptiert, dann kann man sich an den eigenen Werten orientieren und sein Leben danach gestalten. So wird man zufriedener, glücklicher und fühlt sich wohler mit sich selbst.

Dennoch ist es meist gar nicht so leicht, sich selbst positiv wahrzunehmen. Oftmals neigen wir dazu, vermehrt unsere negativen Eigenschaften hervorzuheben. Schluss damit! Ändere deine eigene Wahrnehmung! Auch dafür kann es hilfreich ein, etwas aufzuschreiben. Zum

Beispiel kann man eine Liste machen, in der man die positiven und negativen Eigenschaften gegenüberstellt. Oder man führt ein Tagebuch, in welches man jeden Tag einträgt, was man heute an sich selbst mag. So kann man erkennen, dass jede positive Eigenschaft wunderbare Charakterzüge hat. Diese können dann die Grundlage bilden für die eigene Entwicklung. Durch den Fokus auf die positive Seite steigt auch das Selbstwertgefühl. Dabei soll die negative Seite jedoch nicht ignoriert oder beschönigt werden, sondern als Teil des eigenen Selbst wahrgenommen und akzeptiert werden. Natürlich ist niemand von uns perfekt. Schwächen und Fehler hat jeder Mensch. Doch sie gehören genauso zu uns wie die guten Seiten und dürfen deswegen auch in unser Selbstbild integriert werden. Du bist so und das ist auch gut so.

3) EIGENVERANTWORTLICH LEBEN

Der nächste Schritt für ein hohes Selbstwertgefühl ist es, sein Leben selbst in die Hand zu nehmen. Denn jeder Mensch ist für sein eigenes Leben verantwortlich. Wer sein Leben und sich selbst bewusst wahrnimmt und akzeptiert, der muss nur noch die Verantwortung dafür übernehmen. Niemand sagt uns, wie wir denken, handeln oder fühlen sollen – dafür sind wir selbst verantwortlich. Deshalb sollten wir auch so leben. Wir können frei entscheiden, wer wir sein wollen, wie wir uns entwickeln und wie wir unser Leben verändern. Wer sich über diese Freiheit bewusst ist, der kann sie nutzen. Befreie dich gedanklich von allem und jedem, der versucht, dich einzuschränken oder von dem du dich bevormundet fühlst. Das können Arbeitszeiten, Mitmenschen oder auch die Familie sein. Warum gibst du ihnen das Recht, über dein Leben zu bestimmen? Du bist der Chef in deinem Leben und darfst auch so handeln, denn du allein trägst auch die Verantwortung dafür.

Um mit dieser Verantwortung glücklich zu sein, ist es wichtig, seinen eigenen Bedürfnissen und Gefühlen zu folgen und danach zu handeln und das Leben zu gestalten. Denn so kann man zufrieden mit sich selbst sein und das Selbstwertgefühl steigern. Nimm dein Leben in die Hand, nimm die Verantwortung an und setze dich für dich selbst ein. Dazu kann zum Beispiel gehören, einmal „Nein" zu sagen oder eigene Entscheidungen durchzuziehen, auch wenn die Menschen in deinem Umfeld sie vielleicht nicht nachvollziehen können. Müssen sie auch nicht, es ist schließlich dein Leben und nicht ihres! Nur du bist verantwortlich und du darfst unabhängig und frei leben – denn du bist wichtig und wertvoll.

Für den Anfang kann es hilfreich sein, sich verschiedener Entscheidungen bewusst zu werden. Wen machst du dafür verantwortlich? Dich selbst oder andere? Wer ist zum Beispiel dafür verantwortlich, dass du deinen Job erhalten hast? – Du selbst, denn du konntest deinen Arbeitgeber von deinen Fähigkeiten überzeugen. Aber auch umgekehrt: Wer ist dafür verantwortlich, dass die Schublade seit Monaten kaputt ist und nicht repariert wurde? – Auch du, denn es ist dein Leben. Wer ist schuld, dass du im Sommer nicht nach Mallorca geflogen bist, obwohl du es dir so sehr gewünscht hast? – Weder dein Partner, der nicht wollte, noch deine Eltern, die es nicht gutheißen, sondern du allein. Du bist verantwortlich und darfst das auch nutzen! Du kannst selbst entscheiden und dein Leben selbst gestalten, wie es dir gefällt.

Vielleicht hilft es auch hier, verschiedene Situationen aufzuschreiben, später nachzulesen und zu reflektieren. Dadurch kann man sich seiner Verantwortlichkeit bewusst werden und durch selbst getroffene Entscheidungen kann man Selbstbewusstsein gewinnen, das schon in der nächsten Situation zu selbstbestimmterem Handeln beiträgt.

4) SICH SELBSTSICHER BEHAUPTEN

Mit der eigenen Verantwortung hängt auch das selbstsichere Behaupten zusammen. Denn wenn man sein Leben selbst gestaltet und den eigenen Bedürfnissen folgt, dann kann es schnell passieren, dass dies anderen Menschen im Umfeld nicht gefällt. Muss es aber doch auch nicht! Warum denken wir immer, dass wir anderen gefallen müssen? Wir sind für uns verantwortlich und haben das Recht, frei und selbstbestimmt unser Leben zu gestalten. Wir dürfen so leben, wie wir wirklich sind. Wenn andere Menschen damit ein Problem haben, dann ist es ihr Problem und nicht unseres. Das müssen wir uns bewusst machen. Um glücklich und frei zu sein, ist es wichtig, für sich selbst einzustehen, die eigenen Ansichten und Überzeugungen zu vertreten und sich treu zu bleiben. Dafür kann es notwendig werden, sich selbst anderen gegenüber zu verteidigen, doch das ist in Ordnung. Andere müssen nicht alles verstehen oder gutheißen, für das man sich entscheidet. Doch jeder Mensch ist einzigartig und jeder hat das Recht, dieser Einzigartigkeit zu folgen und sie auszuleben.

Dafür muss man lernen, sich selbstsicher zu behaupten. Wenn man sich seiner Wünsche bewusst ist, sich selbst akzeptiert und die Verantwortung für das eigenen Leben übernommen hat, dann kann man das schaffen. Denn man weiß, dass man selbstbewusst sein darf, da man vollkommen in Ordnung ist, wie man ist. Niemand muss sich oder sein Leben für andere verbiegen, sondern man darf sich selbst gut behandeln und das tun, was man will.

Ein Beispiel dafür ist das eigene Verhalten in Gruppen oder Diskussionen. Wer sich selbstsicher behauptet, der steht zu seiner Meinung, der lässt sich nicht von seiner Ansicht abbringen, der lässt sich nicht zu Dingen überreden, die er nicht möchte, und der riskiert dafür auch Konflikte. Doch das ist nicht schlimm, denn jeder hat das Recht, seiner eigenen Meinung zu folgen. Wenn also alle Kollegen nach der Arbeit noch Bier trinken gehen, dann musst du dich nicht überreden lassen, mitzukommen, wenn du lieber nach Hause auf dein Sofa gehen würdest. Oder wenn du einen Film gut findest, dann darfst du bei dieser Ansicht bleiben, auch wenn deine Freunde ihn schrecklich finden. Weiterführend darfst du dich auch beschweren, wenn du dich ungerecht behandelt fühlst, weil sich zum Beispiel im Supermarkt jemand vordrängelt oder Unwahrheiten über dich erzählt werden. Nimm dir vor, zu deiner Meinung zu stehen, und probiere es in der nächsten Situation direkt aus. Vielleicht möchtest du dir deine Erfolge notieren oder darüber reflektieren, was du beim nächsten Mal noch besser machen kannst.

5) ZIELGERICHTET LEBEN

Die fünfte Säule zur Entwicklung eines gesunden Selbstwertgefühls ist das zielgerichtete Leben. Neben Bedürfnissen und Gefühlen, hat jeder Mensch auch Wünsche und Ziele für sein Leben. Diese Ziele sollte man sich bewusst machen. Dann kann man daran arbeiten, sie mit den eigenen Talenten und Fähigkeiten zu erreichen. Dabei ist die Zielorientierung kein Ergebnis, sondern ein Prozess. Man muss sich anstrengen, um erfolgreich zu sein, und Vertrauen in sich selbst haben, dass man es schaffen kann. Sehr wahrscheinlich begegnet man dabei Hürden und Problemen, doch wenn man an seinem Ziel festhält, dann kann man sie überwinden. Schließlich wird man sich darüber bewusst, wie viel man durch die eigene Handlungsfähigkeit erreichen kann. Dieses Erfolgserlebnis stärkt das Selbstwertgefühl nachhaltig – man bemerkt, wie viel man durch die eigenen Fähigkeiten erreichen kann und nimmt sich selbst als stark und unabhängig wahr.

Es ist hilfreich, wenn man sich diese Erfolge bewusst macht und realisiert, welche Hürden man bereits überwinden konnte. Dafür kann man sich zum einen über die eigene Zielorientierung klar werden. Was will ich? Wie kann ich das erreichen? Welche meiner Fähigkeiten hilft mir dabei am meisten? Zum anderen kann man aber auch über die bereits erreichten Ziele oder über begonnene Anstrengungen nachdenken. Was habe ich schon erreicht? Wie habe ich das geschafft? Was würde ich wieder so machen, was würde ich an meinem Verhalten verändern? Dabei können die Ziele und Anstrengungen jegliche Form annehmen. Ein Ziel kann es zum Beispiel sein, ein Gartenhaus zu bauen, und dafür sind das handwerkliche Geschick, die Geduld und das Durchhaltevermögen die besten Eigenschaften. Oder man möchte sportlicher werden und tritt dazu einem Verein bei. Hilfreich für die

Anstrengung zum Erreichen des Ziels sind der Ehrgeiz und die Offenheit anderen gegenüber. Auch jede andere Form können die eigenen Ziele annehmen.

Dabei ist es wichtig, nicht nur die Fähigkeiten, sondern auch die Motivation zu bedenken. Warum will ich das erreichen? Was motiviert mich dazu? Womit kann ich meine Motivation aufrechterhalten? Wer sich über seine Motive im Klaren ist, der erhöht die Wahrscheinlichkeit, sein Ziel zu erreichen, da er sich immer wieder an den Grund für all die Anstrengungen erinnern kann. Das hilft dabei, durchzuhalten. Doch auch umgekehrt verhelfen Ziele zu mehr Motivation im Alltag. Wenn man zum Beispiel eine Beförderung anstrebt, dann strengt man sich mehr im täglichen Arbeiten an. Oder wenn man das Ziel hat, an einem Marathon teilzunehmen, überwindet man sich und steht früher auf, um zu trainieren.

Doch auch wenn man das Ziel vielleicht am Ende nicht erreicht, so hat man durch die Zielorientierung und die Anstrengung auf dem Weg sehr viel über sich selbst gelernt und kann gestärkt daraus hervorgehen. Um das Selbstwertgefühl zu steigern, sollte man sich also Ziele setzen, um motiviert und selbstbestimmt zu handeln.

Glaube an dich selbst, versuche alles, was dir möglich ist, und konzentriere dich auf all die Fähigkeiten, mit deren Hilfe du so weit kommen konntest – egal, ob du das Endziel erreichst oder nicht.

6) PERSÖNLICHE INTEGRITÄT

Die letzte Säule ist die persönliche Integrität. Damit werden alle vorherigen Säulen vereint. Denn um glücklich und selbstbestimmt leben zu können, müssen wir uns selbst verwirklichen. Dazu ist es wichtig, sich selbst und sein Leben bewusst und im Moment wahrzunehmen, die Verantwortung für sich und alle Entscheidungen zu übernehmen, zu sich selbst zu stehen, die eigene Meinung zu verteidigen, sich Ziele zu setzen, diese zu verfolgen und in die eigenen Fähigkeiten zu vertrauen. Diese Einstellung kann zu Konflikten mit dem Umfeld führen, doch es ist viel wichtiger, dass man mit sich selbst zufrieden ist. Dazu muss man sich selbst lieben und sich verteidigen. Denn jeder Mensch ist einzigartig und wertvoll und darf sich frei entfalten, genau wie er möchte. Bleib dir treu und steh für dich ein! Gestalte dein Leben, wie du es willst, und sei der Mensch, der du sein möchtest.

Dafür ist es wichtig, über sich selbst, die eigenen Fähigkeiten, Wünsche, Gefühle und Bedürfnisse nachzudenken. Wer bin ich und wer will ich sein? Was kann ich verändern, um der zu werden, der ich sein will?

Mache dir klar, dass du einzigartig und frei bist, lebe dein Leben und gestalte es so, wie du willst. Weil du es dir selbst wert bist.

Die 7 Säulen der Resilienz: Erklärungen und Training für den Alltag

Neben dem Selbstwertgefühl gibt es einen weiteren, noch viel entscheidenderen Aspekt in der menschlichen Psyche, der zu innerer Ruhe und Zufriedenheit führen kann: die Resilienz. Bereits in der Einleitung wurde dieser Begriff kurz definiert, jedoch soll jetzt noch ausführlicher dargelegt werden, was genau die Resilienz eigentlich ist, warum sie wichtig ist und wie man sie trainieren kann.

Unter Resilienz versteht man in der Psychologie die psychische Widerstandskraft eines Menschen. Das bedeutet, dass man durch eine stark ausgeprägte Resilienz Hürden überwinden, Krisen durchstehen und unbeschadet aus schwierigen Situationen heraus gehen kann. Dazu nutzt man die inneren Ressourcen. Diese sind wichtig, da Belastung und Stress in einer globalisierten Welt immer weiter zunehmen. Dadurch erkranken immer mehr Menschen durch ihren Stress, was sich zum Beispiel durch ein Burn-out oder durch depressive Verstimmungen äußert. Aus diesem Grund ist es wichtig, die eigene Resilienz zu trainieren. Denn sie kann helfen, besser mit Stress umzugehen. So kann eine hohe Ausprägung der Resilienz Depressionen und anderen psychischen Erkrankungen vorbeugen.

Doch was genau sind innere Ressourcen? Durch welche Faktoren stärkt man die eigene Resilienz? Diese Frage beschäftigt aktuell viele Psychologen und Coaches. Fakt ist, dass es viele Fähigkeiten, Einstellungen und Überzeugungen in einem Menschen gibt, die ihm zu einer hohen

Widerstandsfähigkeit verhelfen. Diese können unterschiedlich gestaltet oder ausgeprägt sein. Jedoch konnte man sich in der Wissenschaft inzwischen auf einige Faktoren einigen, die maßgebend für eine stark ausgeprägte Resilienz sind. Zudem können diese Faktoren bewusst trainiert werden, um eine höhere Resilienz zu erreichen. Dieses Modell wird auch als "Die sieben Säulen der Resilienz" bezeichnet und beinhalten Optimismus, Akzeptanz, Lösungsorientierung, Opferrolle verlassen, Verantwortung übernehmen, Netzwerkorientierung und Zukunftsplanung.

Diese sieben Schutzfaktoren können in zwei Kategorien eingeteilt werden: Zum einen sind es Grundhaltungen, die der Mensch entwickeln kann. Dazu zählen Optimismus, Lösungsorientierung und Akzeptanz. Zum anderen sind es Fähigkeiten, die man trainieren kann. Darunter versteht man die Netzwerkorientierung, die Verantwortung zu übernehmen, die Zukunftsplanung und die Opferrolle zu verlassen. Ergänzend zu diesen sieben Säulen sind auch andere Faktoren entscheidend, wie zum Beispiel Selbstregulation, Kontaktfreude, Gefühlsstabilität, Realismus, Analysefähigkeit, Handlungskontrolle und Selbstakzeptanz. Diese Aspekte wurden in Bezug auf das

Selbstwertgefühl im vorherigen Kapitel ausführlich beleuchtet und werden deshalb nicht erneut erläutert. Denn selbstverständlich trägt auch ein hohes Selbstwertgefühl dazu bei, dass man eine starke Resilienz entwickeln kann.

Entscheidend dabei ist, dass alle Fähigkeiten und Haltungen des Menschen zusammenhängen. Das zeigt sich zum Beispiel daran, dass nur derjenige, der seine Emotionen regulieren und Empathie aufbringen kann, dazu fähig ist, stabile Freundschaften aufzubauen. Denn Grundlage dafür sind Kontaktfreude und Gefühlsstabilität. Nur denjenigen Menschen, die sich durch Selbstbewusstsein und Realismus selbst akzeptieren können, die ihre Opferrolle verlassen und die Verantwortung für sich selbst übernehmen, gelingt es, lösungsorientiert in die Zukunft zu blicken und für ihr Ziel zu kämpfen. Dafür benötigt man Handlungskontrolle und Optimismus. Außerdem ist die Analysestärke entscheidend, um sich selbst und andere in variablen Situationen richtig einschätzen und angemessen darauf reagieren zu können.

Das Modell der sieben Säulen beinhaltet demnach Bewältigungsstrategien, mit deren Hilfe man Stress und Krisensituationen unbeschadet überstehen kann. Die

Grundlage für die Ausprägung dieser Strategien in einem Menschen werden bereits in der Kindheit ausgeprägt. Sie sind stark abhängig von der Erziehung und der Beziehung zu den Eltern. Die Erfahrungen, die ein Mensch in den ersten zehn Lebensjahren macht, prägen seine Persönlichkeit. Dadurch bildet ein Mensch sogenannte Risiko- und Schutzfaktoren aus. Risikofaktoren sind Persönlichkeitseigenschaften, die das Risiko erhöhen, dass man mit Stress nicht umgehen kann und anfällig für psychische Erkrankungen ist. Im Gegensatz dazu führen die Schutzfaktoren der Persönlichkeit dazu, dass man Krisen überstehen kann. Aus diesem Grund ist es für die Resilienz wichtig, dass die Risikofaktoren nur gering ausgeprägt sind, wohingegen die Schutzfaktoren stark vorhanden sein sollten. Der Grundstein dafür wird in der Kindheit gelegt, jedoch ist man sich in der Wissenschaft inzwischen darüber einig, dass diese Faktoren und die Resilienz dynamisch sind. Das bedeutet, dass man die Persönlichkeitseigenschaften trainieren kann und somit erreicht, dass die Resilienz ansteigt.

Dazu werden im Anschluss die sieben Säulen der Resilienz ausführlich beschrieben und erklärt sowie mit praktischen Tipps und Übungen untermalt, die direkt im

Alltag umgesetzt werden können.

Entscheidend an diesem Modell ist, dass jeder der sieben Resilienzfaktoren für sich steht und unabhängig betrachtet und trainiert werden kann. Außerdem ist es auch möglich, dass einzelne Faktoren eines Menschen stark ausgeprägt sind, während andere nur sehr eingeschränkt vorhanden sind. Dennoch ist die Resilienz etwas Ganzheitliches. Das bedeutet: Für eine hohe Resilienz wird eine hohe Ausprägung aller Faktoren benötigt.

Für den Anfang ist es wichtig, zu erkennen, dass das Training der Resilienzfaktoren die gesamte Persönlichkeit betrifft. Das bedeutet, dass man neben den Persönlichkeitseigenschaften auch die Denkmuster und die Verhaltensweisen analysieren, verändern und trainieren muss. Das ist ein langfristiger Prozess, jedoch steigt dadurch die eigene Widerstandskraft, man wird stärker, resistenter und glücklicher. Trotzdem geht es im Training der Resilienzfaktoren nicht darum, ein Idealbild anzustreben, das man in sich selbst erreichen möchte. Vielmehr sind der Weg und das Ziel, dass man sich selbst, die eigenen Fähigkeiten und Eigenschaften besser kennenlernt. Dadurch lernt man, sich selbst zu akzeptieren und so an sich zu arbeiten, dass man die besten Seiten zum Vorschein bringt. Auf diese Weise kann man seine Stärken hervorheben und der Mensch werden, der man wirklich ist und sein möchte.

1) OPTIMISMUS

Die erste Säule der Resilienz ist der Optimismus. Grundsätzlich versteht man darunter die Grundhaltung, positiv in die Zukunft zu blicken mit der Überzeugung, dass alles sich zum Positiven verändern wird. Diese Einstellung ist in Bezug auf die Resilienz eine sehr wichtige Persönlichkeitseigenschaft. Denn im Leben eines Menschen geschehen viele unvorhergesehene Dinge, es entstehen schwierige Situationen und erschreckende Krisen. Dennoch ist es wichtig, nie den Mut zu verlieren. Dazu benötigt man Optimismus.

Besonders in Krisensituationen ist es schwierig, diesen aufzubringen und daran zu glauben, dass sich selbst aus dieser Schwierigkeit noch etwas Gutes entwickeln kann. Dennoch ist besonders das ein Faktor, der zu einer stark ausgeprägten Resilienz führt. Wer optimistisch ist, der kann diese Eigenschaft gezielt einsetzen, um sich selbst zu motivieren. Dadurch kann er auf seine persönlichen Ressourcen zugreifen und sie gezielt und effektiv einsetzen, um die Krise zu überwinden und das Gute zu erreichen. Doch dafür muss er davon überzeugt sein, dass es auch möglich ist, die Situation zu etwas Besserem zu wenden.

Grundlage dafür ist eine positive Sicht auf die Welt und die Menschen. Nur, wer an das Gute glaubt, der kann es auch anstreben. Dieser Glaube bezieht sich jedoch auch auf den eigenen Charakter. Denn nur, wer ein positives Selbstkonzept aufweist und wer optimistisch sich selbst gegenüber ist, der ist auch dazu fähig, an sich und seine Stärken zu glauben und darauf zu vertrauen, dass man etwas erreichen kann.

Jedoch reicht eine optimistische Einstellung noch weiter. Das zeigt sich daran, dass optimistische Menschen auch in schweren, scheinbar unüberwindbaren Situationen nach dem positiven Aspekt suchen. Zum Beispiel kann ein Optimist seine Kündigung auf diese Weise positiv sehen, dass er sie als Chance für einen Neubeginn und für seine Weiterentwicklung interpretiert. Diese Einstellung, unerwartete Ereignisse als Chance zu sehen, beinhaltet auch, dass man Enttäuschungen und Rückschläge als Erfahrungen bezeichnet. Es war gut, diese zu erleben, denn durch diese (negative) Erfahrung hat man etwas Neues gelernt und man kann sich weiterentwickeln.

Insgesamt ist der Optimismus ein sich selbst verstärkender Prozess. Denn durch die optimistische Einstellung wird unser Auftreten und unser Verhalten anderen Gegenüber beeinflusst. Dadurch machen wir andere Erfahrungen. Durch diese veränderte, positive Wahrnehmung wird im Umkehrschluss jedoch auch unsere Grundhaltung bestärkt. Denn alles, was wir erleben und beobachten, interpretieren wir bevorzugt auf die Weise, die unserer inneren Einstellung entspricht. Hat ein Mensch also eine optimistische Grundhaltung, so neigt er dazu, viele Situationen positiv zu interpretieren, wodurch seine optimistische Wahrnehmung verstärkt wird.

Dieser Mechanismus funktioniert auch in Bezug auf die eigene Persönlichkeit. Wer optimistisch ist, der nimmt sich selbst auf positive Art und Weise wahr und wird dadurch in seiner optimistischen Sichtweise auf seine Persönlichkeit bestärkt. Grundlage dafür ist, dass man

Selbstvertrauen und ein hohes Selbstwertgefühl hat. Dadurch kann man an sich selbst glauben und sich selbst darin vertrauen, dass man Fähigkeiten und Kräfte hat, die man zum Überwinden von schwierigen Situationen einsetzen kann. Wie man es schafft, das eigenen Selbstwertgefühl zu steigern, wurde im vorherigen Kapitel ausführlich dargelegt.

Die Rolle des Selbstwertgefühls reicht jedoch noch weiter. Denn nur, wer selbstbewusst ist und an sich glaubt, der ist auch bereit, den ersten Schritt zu wagen, um ein Problem zu lösen. Hat man diese Hürde geschafft und es gewagt, zu beginnen, dann fallen alle weiteren Handlungen leichter. Denn nachdem man seine eigenen Fähigkeiten bemerkt hat, bringt man mehr Kraft auf, um auch die nachfolgenden, schwierigeren Handlungen ausführen zu können. Es ist demnach ein sich selbst verstärkender Prozess, da die Wahrnehmung der eigenen Stärken auch das positive Selbstbild bestärkt, wodurch die optimistische Grundhaltung unterstützt und gefördert wird.

Training für den Alltag:

Diese optimistische Einstellung kann man trainieren. Dazu ist es wichtig, sich selbst und sein Leben bewusst wahrzunehmen und zu reflektieren. Dabei ist es wiederum wichtig, sich auf die positiven Aspekte zu konzentrieren. Wem das schwerfällt, der kann damit beginnen, in der Beobachtung verschiedener Situationen herauszufinden, was daran positiv ist. Ein Beispiel: An der Supermarktkasse musst du lange warten. Das ist erst einmal eine negative Situation, die keine Vorteile hat. Versucht man aber, sie positiv zu betrachten, so ist es möglich, einen Mehrwert daraus zu ziehen. Denn durch das Warten hat man zum Beispiel Zeit, um die Einkaufsliste noch einmal zu überprüfen, damit man nichts vergessen hat. Wenn man doch etwas vergessen hat, dann reicht die Zeit, um diese Dinge noch zu holen. Alternativ kann man die Zeit nutzen, um den weiteren Tagesverlauf im Kopf zu planen, das Rezept für das Abendessen zu googeln oder ein paar Nachrichten zu beantworten. Versuche, in deinen Alltagssituationen stets etwas Positives zu sehen!

Des Weiteren ist es manchmal wichtig, den eigenen Gedanken eine Grenze zu setzen. Ist dir schon einmal aufgefallen, dass jedes Problem, und scheint es noch so ausweglos, ein Ende hat? Jede Situation ist räumlich und zeitlich begrenzt und hat nur bestimmte Auswirkungen. Die Trennung von einem Partner beispielsweise ist nur ein kurzer Augenblick, der Liebeskummer vergeht mit der Zeit und das Arbeitsleben ist davon überhaupt nicht betroffen. Stoppe dich gedanklich, wenn du ein Problem als zu mächtig wahrnimmst.

Außerdem kann es hilfreich sein, das Leben mit mehr Humor zu betrachten und nicht alles persönlich zu nehmen. Dinge passieren, Menschen handeln. Doch macht man einen Witz darüber, dann erscheint vieles schon leichter. Und warum müssen wir immer jede Entscheidung unseres Gegenübers auf uns selbst beziehen? Höre auf damit. Es sind seine Handlung, seine Aussage und seine Entscheidung. Konzentriere dich auf dein Leben, denn dort bist du verantwortlich und hast die alleinige Kontrolle, um alles zum Positiven zu verändern. Betrachte dich und dein Leben optimistisch!

2) AKZEPTANZ

Eine weitere Säule der Resilienz ist die Akzeptanz. Dieser Faktor bezieht sich auf verschiedene Aspekte. So muss man zum einen lernen, sich selbst zu akzeptieren, wie es bereits im Kapitel über das Selbstwertgefühl beschrieben wurde. Zum anderen muss man aber auch lernen, das Leben mit all seinen Situationen zu akzeptieren. Das bezieht sich im Besonderen auf Krisensituationen. Es fällt oft schwer, aber man muss sich überwinden und die Krise akzeptieren – ihre Existenz, ihre Auswirkungen, aber auch ihr Ende und ihre Lösung. Nur derjenige, der eine Krise akzeptiert, kann sich aktiv mit ihr auseinandersetzen, handeln und sie bewältigen. Die Akzeptanz ist der erste Schritt.

Hinzu kommt jedoch auch die Akzeptanz des gesamten Lebens. Denn das Leben besteht aus vielen Situationen, Menschen und Ereignissen. Manches davon kann man beeinflussen, manches nicht. Das Leben zu akzeptieren bedeutet, all diese Gegebenheiten als Eigenschaften des Lebens wahrzunehmen und zu einem Ganzen zu integrieren. Dafür ist es jedoch wichtig, dass man beginnt, zu differenzieren. Denn all die Facetten des Lebens können in zwei Kategorien eingeteilt werden: beeinflussbar und unbeeinflussbar. Es ist wichtig, diesen Unterschied zu erkennen, da er die Grundhaltung dem Leben gegenüber beeinflusst. Auf der einen Seite gibt es Dinge, die wir ändern können. Dazu gehören zum Beispiel Zustände, in denen wir unzufrieden mit unserer Beziehung sind, in denen wir zu viel Stress auf der Arbeit haben oder in denen uns unser Alltag nicht gefällt. All diese Dinge kann man durch Gespräche und Veränderungen an sich selbst beeinflussen. Im Gegensatz dazu gibt es jedoch auch Gegebenheiten im Leben, auf die wir keinen Einfluss haben. Darunter fallen zum Beispiel die Krankheit eines Familienmitglieds, die Macken und Ticks unseres Partners oder der Verlust unseres Arbeitsplatzes.

Aus dieser Unterscheidung geht hervor, dass man manche Dinge im Leben aktiv verändern und umgestalten kann. Dafür ist man verantwortlich und diese Gestaltung des eigenen Lebens kann einem niemand abnehmen. Doch auf der anderen Seite existieren auch Gegebenheiten, auf die man keinen Einfluss nehmen kann. Um resilient zu sein, ist es wichtig, diesen Unterschied anzuerkennen. Dazu gehört auch, dass man lernt, die unveränderbaren Dinge zu akzeptieren und mit ihnen umzugehen. Jeder trägt die Verantwortung für seine eigenen Handlungen, jedoch kann man manche Lebensumstände nicht beeinflussen. Deshalb kann man sich in dieser Kategorie auch die Kraft sparen und damit aufhören, zu versuchen, sie zu verändern. Stattdessen sollte man lernen, sie zu akzeptieren.

Diese Einstellung verlangt viel. Denn durch das Akzeptieren muss man sich mit der neuen, unerwarteten, negativen Situation auseinandersetzen. Dafür muss man sich seiner Gefühle bewusst werden und sich eingestehen, dass man gerade Wut, Angst, Schmerz oder Trauer fühlt und nichts daran ändern kann. Das ist ein schwieriger Prozess. Dennoch ist er wichtig, denn durch die Akzeptanz der Situation und der eigenen Gefühle kann man die Situation überwinden, mit ihr zurechtkommen und unbeschadet aus ihr hervorgehen. Man hätte nichts anderes machen oder ändern können. Deshalb darf man Frieden schließen mit der Situation. Das stärkt die Resilienz.

Training für den Alltag

Versuche, deine Akzeptanz auszubauen und zu verstärken. Dafür kannst du dir vornehmen, in unangenehmen Situationen immer über die zwei Kategorien, beeinflussbar und unbeeinflussbar, nachzudenken. Kann ich die aktuelle Krise beeinflussen? Kann ich verändern, was mir geschehen ist? Oder ist es eine Situation, die außerhalb meiner Reichweite liegt und auf die ich keinen Einfluss habe? Fällt das Ereignis in die erste Kategorie, dann gehe los und verändere es so, wie du es dir vorstellst. Gehört es jedoch zur zweiten Kategorie, so lerne, es anzunehmen, lasse deine Gefühle zu, trauere darum und nimm dir Zeit. Und dann geht es weiter und du kannst mit neuen Erfahrungen weitermachen.

Des Weiteren kann es auch hilfreich sein, im Nachhinein über Krisensituationen nachzudenken und sie als Stationen des eigenen Lebens zu akzeptieren. Oftmals ergibt im Rückblick vieles einen Sinn und es hat uns an den Punkt gebracht, an welchem wir in der Gegenwart stehen. Zum Beispiel wären wir ohne die Kündigung nie in die neue Stadt gezogen. Oder ohne den fiesen Spruch unserer Schwester über unser Gewicht hätten wir nie mit dem Schwimmen begonnen und darin eine neue Leidenschaft entdeckt. Diese rückblickende Akzeptanz kann dabei helfen, sich mit sich selbst, den Mitmenschen und dem eigenen Leben zu versöhnen und die Ereignisse als gegeben anzunehmen, statt sie zu bedauern oder zu bereuen. Denn unserer Erfahrungen machen uns zu dem Menschen, der wir jetzt sind. Das müssen wir akzeptieren. Durch den stetigen Gedanken „Was wäre gewesen, wenn…" macht man sich nur selbst unglücklich. Das bedeutet nicht, dass man alles lethargisch entgegennehmen soll, was das Leben so zu bieten hat. Im Gegenteil, jeder sollte die Verantwortung für sich übernehmen und sein eigenes Leben gestalten. Jedoch sollte man gleichzeitig akzeptieren, dass dem eigenen Handeln Grenzen gesetzt sind und Dinge im Nachhinein nicht mehr änderbar sind. Diese Einstellung macht ruhiger und zufriedener und stärkt die Resilienz.

3) LÖSUNGSORIENTIERUNG

Die dritte Säule der Resilienz ist die Lösungsorientierung. Nachdem man gelernt hat, die Dinge optimistisch zu betrachten und manche Aspekte als unveränderbar zu akzeptieren, ist der nächste Schritt, an der Grundhaltung gegenüber Problemen zu arbeiten.

Viele Menschen leben problemorientiert. Das bedeutet, dass sie sich auf das Problem an sich konzentrieren und viel darüber nachdenken, was es eigentlich ist. Das Gegenteil dazu ist die Lösungsorientierung. Grundlage dieser Einstellung ist es, nicht das Problem zu betrachten, sondern herauszufinden, wie man mit dem Problem umgehen kann. Dazu benötigt man Akzeptanz und Optimismus. Dann hat man die Chance, durch eine lösungsorientierte Herangehensweise aus dem Problem etwas Neues zu schöpfen. Denn durch die Lösung ergeben sich neue Möglichkeiten und Alternativen. Das ist die Grundhaltung resilienter Menschen: Probleme als Möglichkeiten zur Entwicklung sehen. Natürlich ist dabei entscheidend, welche Vorstellungen und Erwartungen der Mensch von seiner Zukunft hat und welche Ziele er sich setzt. Davon abhängig sollte man an das Problem bzw. an dessen Lösung herantreten.

Nach der Zielsetzung ist es wichtig, die eigenen Ressourcen auf die Lösung zu fokussieren. So kann man daran arbeiten, sein Ziel zu erreichen, Ergebnisse zu bewirken und eine Verbesserung zu erzielen. Etwas Neues, Kreatives und Unvorhergesehenes kann aus der Problemlösung entstehen.

Grundlage für diese Lösungsorientierung ist die eigene Einstellung. Jeder Mensch nimmt das Leben und seine Umwelt auf seine eigene Weise wahr und konstruiert damit seine persönliche Wirklichkeit. Daraus folgt, dass auch die eigene Sichtweise und die Interpretation der Gegebenheiten von der inneren Grundhaltung abhängen. Wer das Problem akzeptiert und sich auf die Lösung fokussiert, der kann ein Problem als Chance und Handlungsgrund sehen und sich so selbst motivieren, aktiv zu werden und etwas zu verändern. Dafür muss man sich klare Ziele setzen und dann Wege finden, wie man sie realisieren kann.

Training für den Alltag

Bei der Konfrontation mit einem Problem soll es durch die lösungsorientierte Einstellung möglich werden, Handlungsoptionen zur Lösung zu entwickeln. Diese diversen Optionen können vielfältig sein und in verschiedene Richtungen differenzieren. Der Vorteil dabei ist, dass man aus mehreren Ansätzen wählen und so eine individuell passende Lösung kreieren kann. Dazu kann es notwendig werden, alte und bewährte Handlungsmuster zu verlassen, die Gedanken spielen zu lassen und Neues auszuprobieren. Doch auf diese Weise kann man es schaffen, einen Mehrwert aus der Problemsituation zu ziehen.

Dafür ist es grundlegend, dass du dein Problem als Gegebenheit des Lebens akzeptierst und optimistisch betrachtest. Anschließend musst du aktiv werden, nachdenken und verschiedene Optionen abwägen. Was kannst du tun? Kannst du auf bewährte Handlungsmuster zurückgreifen oder musst du kreativ werden und etwas Neues probieren? Wenn zum Beispiel dein Kollege dich täglich mit abwertenden Sprüchen begrüßt, dann kannst du die Tatsache an sich nicht verändern. Das bedeutet, dass es dir wenig hilft, wenn du dich auf das Problem fokussierst und dich auf seine Aussagen konzentrierst. Stattdessen ist es viel hilfreicher, wenn du dich darauf konzentrierst, wie du die Situation lösen kannst. Wie bist du dieses Problem bisher angegangen? Vielleicht hast du versucht, die Aussagen zu ignorieren, oder hast nichts erwidert. Vielleicht hast du dich aber auch gewehrt und ihm Kontra gegeben. Wenn die Lösung bisher nicht funktioniert hat, dann versuche etwas Neues. Reagiere anders, hole dir Hilfe bei Kollegen oder melde es deinem Vorgesetzten. Du wirst die richtige Lösung für dich finden und dein Leben wieder so verändern, dass du zufriedener bist. Aus dieser Erfahrung kannst du anschließend Kraft ziehen und wahrnehmen, dass du stark bist und Hürden überwinden kannst. Das liegt an deiner Resilienz.

4) OPFERROLLE VERLASSEN

Mit der Lösungsorientierung einhergehend ist auch die vierte Säule der Resilienz. Dieser Schritt bedeutet, dass man die eigene Opferrolle verlässt.

Damit verbunden ist der Fokus, den man im Leben setzt. Viele Menschen konzentrieren sich auf ihr Umfeld, auf das, was ihre Mitmenschen haben und was ihnen gelingt, und vergleichen sich damit. Resiliente Menschen hingegen tun das zwar auch, jedoch liegt ihr Fokus hauptsächlich auf sich selbst. Denn sie wissen, dass das Wichtigste, um im Leben glücklich zu werden, ist, dass man mit sich selbst im Reinen ist. Dafür muss man sich akzeptieren und lieben. Das ist oftmals nicht so einfach, da viele Menschen sich selbst in einer Art Opferrolle sehen. Viele Situationen interpretieren sie so, dass andere Menschen, das Schicksal, eine höhere Macht oder Ähnliches ihnen schaden wollen.

Das bedeutet, dass sie in ihrem Leben eine passive Rolle einnehmen. Mit ihnen geschieht etwas durch andere. Um an Resilienz zu gewinnen, ist es entscheidend, genau diese Position aufzugeben. Stattdessen sollte man seinen Blickwinkel ändern. Denn jeder Mensch hat in seinem Leben eine aktive Rolle, sogar die Hauptrolle. Dadurch ist jeder für sich selbst und sein eigenes Leben verantwortlich. Niemand ist das Opfer seiner Lebensumstände, sondern jeder ist der Autor seines Handelns und kann dadurch sein Umfeld und sich selbst so gestalten, wie er möchte.

Der erste Schritt, um sich so betrachten zu können, ist es, sich von falschen Vorstellungen zu lösen und Abhängigkeiten loszuwerden. Dafür muss man sich aktiv mit sich und seinem Leben auseinandersetzen. Dann kann man sich darüber bewusst werden, dass man etwas verändern kann, und das aus sich selbst heraus. Jeder Mensch hat die Handlungsfreiheit in seinem Leben. Diese Einstellung fällt Menschen mit einem geringen Selbstwertgefühl oftmals sehr schwer. Deshalb ist es in Bezug auf Resilienz wichtig, dass man an sich selbst, dem eigenen Selbstbewusstsein und vor allem am Selbstwertgefühl arbeitet. Wenn du dir in diesem Bereich noch nicht sicher bist, dann blättere gerne zurück zum vorherigen Kapitel.

Wer erkannt hat, dass er sein Leben selbst in der Hand hat, der ist bereit, die Opferrolle zu verlassen. Das kann ein schwieriger und beängstigender Schritt sein, denn auf einmal ist man ganz allein verantwortlich. Es ist viel leichter, die Schuld auf andere zu schieben und jegliche Handlung zu unterlassen, da man das Opfer äußerer Umstände ist. Es erfordert Mut, diese passive Haltung aufzugeben, jedoch ist die Übernahme der Kontrolle im eigenen Leben ein sehr wichtiger Schritt.

Hat man diesen Sprung geschafft, so stehen noch weitere Herausforderungen an. Denn die eigene Aktivität muss man an die jeweiligen Situationen anpassen. Man muss lernen, wann es wichtig ist, schnell zu handeln und wann es besser hilft, wenn man sich zuerst beruhigt und nachdenkt, bevor man reagiert. Deshalb muss man aufmerksam sich selbst gegenüber werden, sich beobachten und kennenlernen. Dadurch lernt man, sich selbst und die Gefühle einzuschätzen und damit umzugehen. Das ist wichtig, da man sich so seiner Bedürfnisse und Wünsche bewusst wird, an die man anschließend sein Handeln anpassen sollte, damit man die Ziele im Leben erreicht, die man sich im Inneren wünscht. Dafür ist es aber nicht nur entscheidend, dass man die Gefühle kennt und wahrnimmt, sondern man muss auch lernen, sie zu regulieren. Denn durch die Gefühlsregulation schafft man es, ausgeglichen und friedlich zu werden. Man kann die eigene Balance finden. Dadurch ist man in der Lage, auf sich selbst einen Einfluss zu haben und zum Beispiel in extremen Stresssituationen das Stressempfinden zu regulieren und gelassen zu bleiben. Das ist eine sehr wichtige Eigenschaft.

Die Gefühlsregulation findet auf der Ebene des Gehirns statt, in welcher Verstand und Emotionen zusammenarbeiten. Der Verstand hat die Aufgabe, Situationen wahrzunehmen und rational abzuwägen. Die Emotionen interpretieren die Gegebenheiten anhand der Erfahrungen, die man bisher gemacht hat. Man kann lernen, das Zusammenspiel von Verstand und Emotionen zu regulieren, sodass man auf einer breiten Basis Entscheidungen treffen und sich selbst motivieren kann. Resiliente Menschen können sehr gut ihre Gefühle regulieren, sie sind aktiv, treffen Entscheidungen und handeln selbst in ihrem Leben.

Training für den Alltag

Wichtig ist, dass du aktiv wirst und deine passive Rolle, in der du dich anderen Menschen und Geschehnissen ausgeliefert fühlst, aufgibst. Aus diesem Grund musst du dich selbst kennen lernen und erfahren, wie du deine Emotionen regulieren kannst. Dafür musst du deine Einstellung dir und deinem Leben gegenüber verändern, Situationen reflektieren und handlungsorientiert vorgehen.

Mache dir klar, dass nicht andere Schuld daran sind,

dass du in der aktuellen Situation bist, sondern du allein. Löse dich von allem, wirf die Abhängigkeiten ab und werde aktiv. Dabei kann es dir helfen, darüber nachzudenken, was du gerne anders hättest und was dich davon abhält, zu handeln. Sind es deine inneren Bedürfnisse? Oder ist es deine gefühlte Abhängigkeit von deinem Umfeld? Wage kleine Schritte, entscheide selbst und tu das, was du willst. Du darfst das und du kannst das.

5) VERANTWORTUNG ÜBERNEHMEN

Die fünfte Säule der Resilienz steht dafür, die Verantwortung für sich selbst und das eigene Leben zu übernehmen. Wir neigen gerne dazu, uns zurückzulehnen, passiv zu werden und anderen die Schuld zuzuschreiben. Um unsere Resilienz zu stärken, müssen wir damit aufhören und uns klar machen, dass nur wir allein für unser Leben verantwortlich sind.

Denn jeder kann und muss selbst Entscheidungen treffen, Handlungen ausführen und den Alltag gestalten. Natürlich ist es leichter, sich von der Familie, dem Partner oder dem Umfeld vorschreiben zu lassen, was man tun soll, da man so auch leicht auf einen Schuldigen zurückgreifen kann, wenn etwas nicht funktioniert. Jedoch sollte man sich darüber bewusst werden, dass in Wahrheit niemand einen Erwachsenen zu Handlungen zwingen kann, sondern man kann sich nur zwingen lassen. Dieses passive Verhalten gilt es aber, zu vermeiden. Stattdessen sollte jeder lernen, selbst zu entscheiden sowie eigenständig und autonom zu handeln. Dazu gehört schließlich auch, die Konsequenzen zu tragen, die Verantwortung zu übernehmen und zu sich selbst zu stehen.

Diese Einstellung ist erneut ganzheitlich zu betrachten, das bedeutet, dass sie sich auf alle Facetten des Lebens bezieht. Denn die Gestaltung des Alltags beginnt bei den Gedanken und Gefühlen und führt zu Entscheidungen, die schließlich als Handlungen ausgeführt werden. Dieser gesamte Prozess ist jedoch nur von dem einzelnen Menschen abhängig und individuell und eigenständig gestaltbar. Das liegt daran, dass jeder selbstständig leben sollte und nur den eigenen Einfluss auf die Lebenssituation gelten lassen sollte. Diese Übernahme der Kontrolle des eigenen Lebens kostet Anstrengung und Mut. Das liegt daran, dass man dadurch für jegliche Entscheidungen die alleinige Verantwortung übernehmen und sich somit selbst vertrauen muss.

Jedoch sollte dieses Verantwortungsbewusstsein nicht negativ wahrgenommen und als Risiko oder Last interpretiert werden. Im Gegenteil, wer das Gefühl hat, selbst die Kontrolle zu haben und unabhängig von allem Entscheidungen treffen zu können, der fühlt sich stark und wichtig. Dieses Gefühl trägt zu einem hohen Selbstwertgefühl bei. Man ist zufriedener, erfüllter und motivierter, denn man weiß, dass man selbst etwas verändern und bewirken kann. Es sollte demnach ein Ziel jedes Menschen sein, das eigene Leben zu kontrollieren.

Diese Aufgabe zu bewältigen, ist schwierig und langwierig. Das kommt daher, dass jeder sich doch gerne in diversen Situationen in der Opferrolle versteckt oder in alte, abhängige Denkmuster verfällt, da man Angst hat und sich selbst nicht ausreichend vertraut. Aus diesem Grund ist es wichtig, zuvor an der vierten Säule gearbeitet zu haben, durch die man die Grundhaltung und Einstellung dem eigenen Leben gegenüber verändern kann. Wer es schafft, zumindest zeitweise seine Opferrolle abzulegen, der kann daran arbeiten und den nächsten Schritt wagen. Denn nach dem Aufgeben der Opferrolle muss man weiter gehen, die passive Haltung aufgeben, den Fokus auf sich selbst richten, die Verantwortung übernehmen, aktiv werden, entscheiden und eigenständig sowie unabhängig handeln.

Diese Veränderung in der Betrachtung des Handlungsspielraums braucht Zeit und funktioniert nicht plötzlich. Stattdessen muss man lernen, sich selbst zu vertrauen und den eigenen Einfluss einzuschätzen. Dann gelingt es auch, die Kontrolle zu übernehmen. Diese Entscheidung muss jedoch jeder für sich selbst treffen und kann nicht von außen beeinflusst werden.

Training für den Alltag

Wenn du es geschafft hast, dich Stück für Stück von der passiven Opferrolle loszulösen, solltest du weiterhin deine Kräfte bündeln und die nächsten Schritte wagen. Dabei geht es darum, die innere Grundüberzeugung und die äußere Lebenssituation nach und nach zu verändern und die Kontrolle darüber zu übernehmen. Dazu musst du dir bewusst machen, dass du allein die Verantwortung trägst. Voraussetzung dafür ist, dass du dir selbst und anderen Fehler eingestehst. Es muss und kann nicht immer alles perfekt sein und beim ersten Mal gelingen. Deshalb sollte man sich aber nicht auf Schuldgefühle oder Schuldzuweisungen konzentrieren, sondern die Situationen stattdessen lösungsorientiert betrachten und aktiv handeln.

Um diese Einstellung zu erreichen, hilft auch hier ein schrittweises Vorgehen. Sage dir immer wieder, dass du für dich und deine aktuelle Situation verantwortlich bist. Deshalb darfst auch du allein entscheiden und handeln, aber auch Fehler machen. Wenn dich also zum Beispiel deine beste Freundin dazu überreden will, mit ihr in den Urlaub zu fliegen, du dein Geld aber eigentlich für ein neues Auto sparen willst, dann sage ihr ab. Du bist dafür verantwortlich, ob du das Ziel erreichst. Natürlich wäre es leichter, am Ende auf das Auto verzichten zu müssen, da deine Freundin dich zu dem Urlaub überredet hat. Jedoch ist sie nicht für dein Leben verantwortlich, sondern du allein. Andererseits ist es auch deine Pflicht, für dich selbst zu entscheiden. Wenn du beispielsweise unglücklich in deinem Beruf bist und dich für eine Kündigung entscheidest, dann stehe dazu. Anschließend kannst du lösungsorientiert an einer Alternative arbeiten, einen anderen Arbeitgeber suchen oder eine Umschulung machen. Es ist möglich, dass du diese Entscheidung irgendwann bereust, aber das gehört dazu. Du hast das für dich entschieden, also kannst du es auch wieder lösen. Lasse dich nicht zum sicheren, aber unglücklichen Bleiben überreden und lasse dir keine Schuldgefühle einreden. Du allein trägst die Verantwortung. Dennoch solltest du hier Einschränkungen machen bei Dingen im Leben, die außerhalb deiner Reichweite liegen. Du bist nicht für alles verantwortlich, das geschieht, aber für alles, das in deinem Kompetenzbereich und unter deinem Einfluss liegt.

Sage dir das und übe es. Fange bei den kleinen Dingen, wie zum Beispiel bei der Auswahl der Wocheneinkäufe oder dem Absagen der Kneipentour, auf die du keine Lust hast, an. Dann wird es dir Schritt für Schritt gelingen, auch für weitreichendere Entscheidungen in deinem Leben die Verantwortung zu übernehmen. Denn du musst selbst handeln und voller Überzeugung daran arbeiten, deine Ziele zu erreichen.

Daraus folgt, dass du schließlich resilienter Schwierigkeiten und Krisen überstehen kannst. Denn wenn du weißt, dass du selbst für diese Situation verantwortlich bist und die Schuld nicht anderen zuschreiben kannst, dann kannst du auch besser damit umgehen. Denn dann hast du auch die Kompetenz, die Krise zu lösen oder voller Selbstvertrauen unbeschadet zu überstehen.

6) NETZWERKORIENTIERUNG

Die sechste Säule der Resilienz ist die Netzwerkorientierung. Dieser Grundsatz bezieht sich auf das soziale Umfeld eines Menschen. Es gibt Personen, die gerne für sich bleiben und das Leben allein bestreiten. Im Gegensatz dazu existieren aber auch Personen, die in einem großen sozialen Netzwerk leben. Diese Menschen kennen gefühlt die halbe Stadt, wissen immer, was gerade los ist, und sind ständig unterwegs. Auffällig ist, dass gerade unter dieser Gruppe von Menschen eine stark ausgeprägte Resilienz vorhanden ist. Das deutet darauf hin, dass ein stabiles soziales Netzwerk und eine hohe Resilienz zusammenhängen.

Dieses Phänomen ist erklärbar: Wer viele Menschen kennt, der kennt auch viele unterschiedliche Menschen, die in verschiedenen Bereichen aktiv sind, diverse Interessen haben und wiederum weiter vernetzt sind. Aus diesem Grund ist ein soziales Netzwerk sehr entscheidend für das eigene Leben. Wer gut vernetzt ist, der hat immer irgendwo irgendjemanden, an den er sich mit Fragen, Anliegen oder auch Problemen wenden kann. Wer eine Ansprechperson findet, der fühlt sich akzeptiert und nimmt die eigenen Gedanken und Zweifel als relevant wahr. Denn es gibt jemanden, mit dem er sie teilen und besprechen kann. Außerdem finden weit vernetzte Menschen auch immer Genossen, die zu den unterschiedlichsten Aktivitäten bereit sind. Auf diese Weise kann man seinen Interessen nachgehen und die eigenen Bedürfnisse realisieren und durchsetzen. Durch die Durchführung in der Gruppe scheinen dabei die eigenen Interessen relevant und interessant. Auch das verhilft zu einem gesteigerten Selbstwertgefühl. Wer sein Leben, sowohl die Probleme als auch die Interessen, mit anderen Teilen kann, der fühlt sich wichtig und verstanden und das in jeder Lebenslage.

Jedoch kommt es dabei selbstverständlich nicht nur auf die Quantität der zwischenmenschlichen Beziehungen, sondern vor allem auf die Qualität an. Im Durchschnitt ist eine Eigenschaft resilienter Menschen, dass sie vertraute Beziehungen zu ihren Mitmenschen als besonders wertvoll und bedeutsam einschätzen. Aus diesem Grund bilden sie das Verhältnis zu anderen auf der Grundlage von Empathie, Offenheit, Akzeptanz und Wertschätzung. Auf dieser Basis ist es möglich, sich nahezukommen und Vertrauen zu entwickeln, da man sich wahrgenommen und respektiert fühlt. Diese Behandlung verschafft jedem ein gutes Gefühl und den Eindruck, besonders und wertvoll zu sein. Dadurch wendet man sich gerne an sein Gegenüber, kommuniziert viel und stärkt das gegenseitige Vertrauen in der Beziehung. Durch diese Pflege der Kontakte entsteht ein Netzwerk aus Freunden, Bekannten und Verwandten im eigenen Leben. Es kostet Kraft, dieses Netzwerk aufzubauen und vor allem es aufrecht zu erhalten, jedoch ergibt sich im Endeffekt ein großer Mehrwert, der das Leben bereichert. Denn durch die Einbindung in ein soziales Netzwerk wird das eigene Selbstwertgefühl gesteigert und das Leben erscheint relevanter.

Da man mit anderen Menschen in verschiedenen Bereichen, auf unterschiedliche Art und Weise und mit differenzierender Intensität verbunden ist, hat man eine breite Fläche von Ansprechpartnern und kann jeden Moment des Lebens mit jemand anderem teilen, der in diesem Augenblick passend ist. Außerdem kann man sich darauf verlassen, dass man auf Verständnis und Interesse stößt, wenn man sich anderen Menschen in seinem sozialen Umfeld öffnet. Dieser Faktor vermittelt neben Selbstvertrauen auch Sicherheit. Denn man steht nicht allein im Leben, sondern man gehört zu einer Gruppe dazu und ist umgeben von einem Netz, das einen auffangen, mittragen oder vorantreiben wird, egal, was geschieht.

Um diese diversen Ressourcen des sozialen Netzwerks nutzen zu können, ist es notwendig, dass in den Beziehungen ein ausgewogenes Verhältnis vorhanden ist. Das bedeutet, dass ein Gleichgewicht zwischen Reden und Zuhören, zwischen gebraucht werden und brauchen sowie zwischen Geben und Nehmen vorhanden sein sollte. Jedoch ist damit nicht gemeint, dass jedes Treffen oder jedes Gespräch ausgeglichen sein muss. Vielmehr geht es darum, dass das Gesamtbild der sozialen Beziehung ausgeglichen ist. Das kann durchaus bedeuten, dass ein Partner in einem Bereich viel Aufmerksamkeit benötigt, zum Beispiel durch Gespräche über die eigene Wahrnehmung des Ichs oder über das Verhalten in sozialen Situationen. Im Gegensatz dazu braucht der andere Partner aber Unterstützung, wenn es sich beispielsweise um die Motivation zum Sport oder den Mut zu Entscheidungen handelt. Insgesamt kann es also Phasen geben – zum Beispiel nach einer Scheidung oder einem Todesfall –, in denen ein Partner viel mehr gibt, als er nimmt, doch das ist nicht schlimm, solange das kein dauerhafter Zustand ist.

Diese Ausgeglichenheit in der Beziehung führt dazu, dass beide Parteien dazu bereit sind, ihre eigenen Gedanken und Gefühle zu teilen sowie sich auf das Innere ihres Gegenübers einzulassen. Jedoch reicht diese Bereitschaft zum Teilen der Gedanken noch weiter. So sind Menschen in stabilen sozialen Beziehungen auch dazu bereit, ihr eigenes Wissen weiterzugeben und mit den eigenen Fähigkeiten ihren Gegenüber zu unterstützen. Darüber hinaus gewinnen diese sozial verknüpften Menschen sogar Energie und Kraft, die sie für sich selbst verwenden können, indem sie andere unterstützen. Das liegt daran, dass sie sich durch die Einbindung in das soziale Netzwerk nicht ausgenutzt, sondern gebraucht fühlen. Wer sich gebraucht fühlt, der nimmt sich selbst als einflussreich und wichtig wahr und kann so mehr Selbstwertgefühl aufbauen.

Eine Voraussetzung, um die Resilienz zu stärken, ist demnach die Netzwerkorientierung, die dafür sorgt, dass man sich ein soziales Netzwerk aufbaut und es auch für sich selbst nutzen kann.

Training für den Alltag

Versuche, dein soziales Netz auszubauen oder zu stärken. Werde dafür aktiv. Gehe mit deinen Kollegen nach der Arbeit Bier trinken. Schließe dich einem Verein an, zum Beispiel zum Sport, zum Angeln oder zum Gärtnern. Lerne deine Nachbarn kennen. Melde dich bei alten Freunden aus der Kindheit. Höre deinem Gegenüber aufmerksam zu und stelle Fragen. Denn nicht nur du fühlst dich wahrgenommen, wenn du dein Leben mit anderen teilen kannst, sondern auch umgekehrt: Auch andere fühlen sich gut, wenn da jemand ist, der sich für sie und für ihr Leben interessiert und an den sie sich wenden können. Überwinde dich, werde aktiv und arbeite daran, dein soziales Netzwerk zu festigen. Das bedeutet nicht, dass du dich an jede Bekanntschaft klammern sollst. Wäge ab und konzentriere dich auf die Beziehungen, die für dich einen Mehrwert haben, die respektvoll und in gegenseitigem Vertrauen stattfinden.

Sieh dich dazu in deinem Bekanntenkreis um oder gehe auf neue Menschen zu. Wen findest du interessant? Mit wem könntest du Gemeinsamkeiten haben? Sprich die Menschen an, schlage vor, gemeinsam etwas zu unternehmen, und nimm dir die Zeit, den anderen kennen zu lernen. Dabei ist es wichtig, Vorurteile abzulegen und Geduld zu haben. Denn vielleicht ist die stumme Kollegin nicht schüchtern, sondern einfach genauso gelangweilt von der Arbeit wie du. Oder vielleicht sieht sich dein Nachbar sonntags auch immer allein den Tatort an. Das wäre doch eine gute Gelegenheit, um ihn anzusprechen und sich beim gemeinsamen Schauen kennen zu lernen. Habe Mut, gehe auf andere zu und bleibe geduldig beim Aufbau des Kontaktes. Nur so kann die Beziehung stabil und vertrauensvoll und dadurch auch langfristig werden.

7) ZUKUNFTSPLANUNG

Die siebte und letzte Säule der Resilienz bezieht sich auf die Planung der Zukunft. Gleichzeitig bildet diese Säule auch den letzten Entwicklungsschritt zur Ausbildung und Festigung einer höheren Resilienz. Wenn die Grundlage gelegt ist durch eine optimistische und lösungsorientierte Sichtweise auf das Leben und das Selbst, durch die Akzeptanz mancher Umstände, durch das Verlassen der passiven Opferrolle und stattdessen die Übernahme der Verantwortung für das eigene Leben sowie durch die Wertschätzung des sozialen Netzwerks, dann sollte der nächste Schritt erfolgen: die Konzentration auf sich selbst. Dafür ist es wichtig, nicht immerzu an der Vergangenheit zu hängen, ihr nachzutrauern oder ehemalige Fehler zu bereuen. Stattdessen sollte man sich auf die Zukunft konzentrieren, da man sie beeinflussen, kontrollieren und verändern kann.

Eine wichtige Grundlage, um sie gestalten zu können, ist, dass man die Zukunft plant. Diese Planung setzt voraus, dass man voller Elan und Motivation ist. Außerdem muss man erkennen, dass man selbst die Kontrolle hat. Diese Macht über das eigene Leben führt dazu, dass man selbst Möglichkeiten abwägen, auswählen und entscheiden kann. Dadurch hat man die Kompetenz, die Zukunft zu planen. Damit einher geht jedoch auch die Verantwortung für das eigene Leben, denn nur jeder selbst kann die Zukunft gestalten und so großen Einfluss auf die Entwicklung des Lebens nehmen. Diese Erkenntnis ist wichtig, da es in jeder Situation verschiedene Alternativen gibt, die es abzuwägen und zu vergleichen gilt, um die bestmögliche für sich selbst zu wählen. Da man diese Wahl für die Zukunft, das bedeutet vor Eintreffen der

Ereignisse, trifft, hat man einen großen Handlungsspielraum. Denn so kann man auf ein bestimmtes Ziel hinarbeiten und die gegenwärtigen Handlungen und Entscheidungen darauf ausrichten.

Dadurch kann es auch gelingen, potenzielle Krisen abzuwenden. Denn wer seine Zukunft plant, der denkt auch an mögliche Hindernisse und Probleme. So kann man sie in seiner Planung berücksichtigen und versuchen, sie zu umgehen oder aber sich zumindest darauf einzustellen, dass sie eintreffen könnten. Das erspart viel Überraschung und Frust und führt dazu, dass man die Krise resilienter überstehen kann.

Ein weiterer wichtiger Aspekt der Zukunftsplanung ist, dass sie sich rein auf das fokussiert, was noch geschehen wird. Dadurch kann man alles, was in der Vergangenheit geschehen ist, ruhen lassen. Stattdessen liegt die gesamte Zukunft mit all ihren Möglichkeiten noch vor einem. Alles ist möglich und man kann es selbst erreichen. Elan und Initiative führen dann dazu, dass man das eigene Leben entwickelt und vorantreibt. Wichtig dafür ist jedoch, dass man auch die eigene gegenwärtige Einstellung dem Leben gegenüber überdenkt. Denn Menschen neigen dazu, sich ihren eigenen Vorstellungen und Erwartungen entsprechend zu verhalten. Damit gehen sie sicher, dass ihre Selbsteinschätzung und ihr Selbstbild bestätigt werden – auch wenn das Urteil negativ ausfällt. Aus diesem Grund sollte man an der eigenen Einstellung arbeiten und, wenn nötig, mit einer neuen Version an die Planung der Zukunft herantreten.

Zusätzlich dazu ist es wichtig, dass die Ziele klar formuliert sind. Denn nur so kann man sie exakt ansteuern. Außerdem sollten sie jedoch auch regelmäßig evaluiert werden. Gerade, weil sie in der Zukunft liegen, können sich nämlich selbstverständlich die eigenen Vorstellungen und Erwartungen noch einmal verändern. Außerdem sollten die Ziele realistisch und spezifisch sein sowie zur eigenen Persönlichkeit passen. Denn man gestaltet das eigene Leben und sollte nicht den Träumen eines anderen folgen.

Dennoch kann man sich durch die Evaluation auch darüber bewusst werden, welche Ideen und Werte andauern und sich nicht verändern. Diese stabilen Einstellungen sagen viel darüber aus, wie man ist, worauf man Wert legt und worüber man sich definiert. Demnach kann die

Zukunftsplanung dabei helfen, sich selbst besser kennen zu lernen und einen Leitfaden für das eigene Leben zu entwickeln. Das liegt daran, dass sich durch die langfristige Planung und stetige Evaluation der eigenen Vorstellungen auch die Wünsche an die Oberfläche drängen, die sonst eher im Unterbewusstsein verborgen sind. Ist man sich dieser unbewussten Wünsche bewusst, dann kann man daraus viel Kraft schöpfen und bewusst daran arbeiten, sie zu erfüllen. Dieses Vertrauen bestärkt das Selbstwertgefühl und hilft dabei, resilient Krisen zu überstehen und Hindernisse zu meistern. Denn man strebt das an, was man sich wirklich im Innersten wünscht.

Training für den Alltag

Setze dir Ziele, die du in Zukunft erreichen möchtest. Dafür kann es hilfreich sein, mit kleinen Zielen zu beginnen. Nimm dir zum Beispiel vor, am Sonntagnachmittag im Wald spazieren zu gehen und plane dein Wochenende um dieses Ziel herum. Oder schreibe dir am Anfang der Woche auf, was du im Haushalt bis zum Wochenende erledigt haben möchtest und passe dann deine Handlungen daran an, indem du zum Beispiel jeden Tag einen kleinen

Teil erledigst. So wirst du deine Ziele mit hoher Wahrscheinlichkeit erreichen.

Wenn dir diese kurzfristige Zukunftsplanung gut gelingt, dann kannst du zur längerfristigen Planung übergehen. Setze dir Ziele, die du dieses Jahr erreichen möchtest. Das kann der Urlaub in einem bestimmten Land, der Beitritt in einen Sportverein oder das Treffen mit einem alten Bekannten, der weit entfernt wohnt, sein. Im Anschluss daran kannst du weit in die Zukunft denken und dir Ziele für bestimmte Lebensabschnitte oder dein ganzes Leben setzen. Was willst du mit 30, 40, 50 oder 60 Jahren geschafft haben? Wo möchtest du in fünf oder zehn Jahren stehen? Was willst du erlebt und erledigt haben?

Neben der Planung des zukünftigen Alltags ist auch die Planung übergeordneter Lebensziele wichtig. Denn sie gibt dem Leben und Handeln einen Sinn, eine Richtung und ein Ziel, an welchem man sich ausrichten kann. Das vermittelt Sicherheit und Motivation. Außerdem hilft es dabei, Entscheidungen zu treffen, da man überprüfen kann, inwiefern die aktuelle Entscheidung zum zukünftigen Ziel passt.

Die Power Tipps auf den Punkt gebracht

Jeder Mensch sieht sich tagtäglich mit unterschiedlichen Stresssituationen konfrontiert. Das kann der Stress durch die Familienorganisation, die Verantwortung auf der Arbeit oder die unbezahlte Rechnung auf dem Küchentisch sein. In den vorherigen Kapiteln wurde klar, dass jeder Mensch es schaffen kann, extreme Stresssituationen und schlimme Krisen unbeschadet zu überstehen. Voraussetzung dafür ist eine stark ausgeprägte Resilienz. Bereits im vorherigen Kapitel gab es zu jeder der sieben Säulen der Resilienz Tipps für das Training im

Alltag. Diese Übungen sollen jetzt noch einmal zusammengefasst, verdeutlicht und ausgebaut werden. Denn die direkte Anwendung im Alltag kann nicht nur zu einer stetigen Steigerung der Resilienz, sondern auch zum Vorbeugen von Depressionen führen. Wer zu Depressionen neigt, der fällt leicht in negative Denkmuster zurück und gibt so jeglichen Fortschritt auf. Stattdessen verliert er sich in seiner eigenen Dunkelheit. Die folgenden Übungen können helfen, diese Denkspiralen zu unterbinden und so Depressionen vorzubeugen, Schwierigkeiten zu meistern und voller Selbstvertrauen durch das Leben zu gehen. Wichtigster Fokus dabei bleibt: die Stärkung der Ausprägung der Resilienz.

Voraussetzung für das Training der Resilienz ist die Achtsamkeit – sich selbst, anderen und dem Leben als Ganzes gegenüber. Man muss sich selbst und sein Umfeld achtsam wahrnehmen, um daran arbeiten zu können. Dies ist ein Prozess, der Zeit und Aufwand benötigt, aber das Training ist Schritt für Schritt erlernbar und kann von Anfang an in den Alltag integriert werden. Dafür folgen im Anschluss fünf Übungen, mit denen du ganz leicht deine Achtsamkeit, dein Selbstwertgefühl und deine Resilienz stärken kannst.

1) MACHE DIR DEINE STÄRKEN BE-WUSST

Nimm dir jeden Abend einen Moment Zeit und denke über deinen Tag nach. Was ist dir gelungen? Was hat nicht so gut funktioniert? Woran lag es? Versuche dabei, dich auf die positiven Aspekte des Tages zu konzentrieren, auch wenn es anfangs schwerfällt. Denke darüber nach, was du durch deine Fähigkeiten und Stärken erreicht hast und setze auf diese positiven Aspekte deiner Selbst deinen Fokus. Mache dir gerne ein paar Notizen oder fertige eine Liste in deinem Kopf an, die du jeden Tag durch neue Eindrücke verstärkst, veränderst oder ergänzt.

Wenn du das nächste Mal in eine schwierige Situation gerätst oder ein negatives Ereignis in deinem Leben bedauerst, dann rufe dir deine Liste in Erinnerung und konzentriere dich darauf, was du wirklich gut kannst.

Diese Erinnerung an die eigenen Stärken kann auch helfen, akute Stresssituationen und belastende Krisen zu überstehen. Das liegt daran, dass man sich darüber bewusst wird, dass man viele tolle Stärken hat, mit deren Hilfe man den Stress überstehen wird.

Außerdem kann die Liste mit den positiven Eigenschaften auch zur Vorbeugung einer Depression dienen. Denn durch den Fokus auf die positiven Aspekte werden das Selbstwertgefühl, der Optimismus und das Selbstvertrauen gesteigert. Dadurch kann man auch den sieben Säulen der Resilienz folgen und aktiv werden. Wem es schwerfällt, den eigenen Charakter zu beschreiben, der kann damit beginnen, fünf positive Eigenschaften zu notieren. Eine weitere Erleichterung kann die Einteilung in Kategorien wie Freizeit, Arbeit, Partnerschaft, Freunde etc. sein. Denn in jedem Lebensbereich verhält man sich ein wenig anders und so kommen unterschiedliche Stärken zum Vorschein, derer man sich durch die Kategorien bewusst werden kann.

Des Weiteren kannst du auch eine andere Kategorie ergänzen: Die Stärken, die andere in dir sehen. Oftmals nehmen andere uns viel positiver wahr als wir selbst. Dieser Zuspruch von Wertschätzung fühlt sich gut an und verleiht Mut und Zuversicht. Deswegen ist es hilfreich, wenn du deinen Partner, deine Freunde oder deine Arbeitskollegen um ein Feedback bittest. Gerne darfst du auch positive Anmerkungen zurückgeben; ein Lob zu hören, tut jedem gut.

2) MACHE DIR DEIN LEBEN BEWUSST

Neben dem Nachdenken über deine Stärken ist auch die Reflexion des eigenen Lebens wichtig. Dafür solltest du dir beim ersten Mal etwas Zeit nehmen. Mache es dir gemütlich auf dem Sofa, gehe in der Natur spazieren oder ziehe dich an deinen Lieblingsort zurück. Stelle dir dann selbst Fragen über dein Leben: Was ist mir gelungen? Worauf bin ich stolz? Wie konnte ich so viel erreichen? Was macht mein Leben schön? Was möchte ich verändern? Was möchte ich in den nächsten Jahren erreichen? Was will ich am Ende meines Lebens erreicht haben?

Sei dabei optimistisch, aber realistisch. Akzeptiere Dinge, die du nicht ändern kannst, und fokussiere dich auf deine Stärken und darauf, was du mit ihnen erreichen kannst. Übernimm die Verantwortung, werde aktiv und verlasse die passive Opferrolle. Konzentriere dich auf die Lösung statt auf das Problem, vertraue dir selbst und nimm Hilfe aus deinem sozialen Netzwerk an.

Ziehe schließlich ein Resümee aus deinem Leben. Du bist gut und dein Leben ist gut. Was dir nicht daran gefällt, das kannst du langsam verändern, und du kannst darauf hinarbeiten, dass deine Zukunft so wird, wie du sie dir wünscht.

Ein Beispiel: Du reflektierst dein Leben und kommst zu dem Fazit, dass du deine Wohnung, den engen Kontakt zu deiner Familie und dein kompetentes Auftreten im Beruf sehr schätzt. Allerdings nimmst du auch wahr, dass du für deine Vorstellung zu wenig in deiner Freizeit unternimmst, zu viel arbeitest und oft deine Launen an deinem Partner oder deiner Partnerin auslässt. Das gefällt dir nicht und so beschließt du, diese Dinge zu verändern, um zukünftig glücklicher sein zu können. Dafür nimmst du dir vor, auf der Arbeit auch einmal Nein zu sagen. Denn du bist gut in dem, was du tust, und du musst dir nicht immer Extraaufgaben aufdrücken lassen. Außerdem entschließt du dich dazu, den Kontakt zu deinen Freunden zu erhöhen und öfter gemeinsam etwas zu unternehmen. Zudem schließt du dich der Jogginggruppe in der Nachbarschaft an und nimmst dir einen Freitagabend im Monat, an dem du mit deinem Partner ausgehst. Des Weiteren entscheidest du dich dafür, offen mit deinem Partner bzw. mit deiner Partnerin zu sprechen, deine Fehler einzugestehen und um Hilfe zu bitten. So hoffst du, dass sich euer Verhältnis Schritt für Schritt verbessert und du lernst, deine Launen anders zu kanalisieren als auf deinen Partner bzw. deine Partnerin. Selbstverständlich sind all das keine Veränderungen und Vorsätze, die sich über Nacht lösen. Jedoch kann man mit dieser Grundlage schrittweise viel verändern und an sich arbeiten, um glücklicher zu werden.

Das Wichtigste ist, sich darüber bewusst zu werden, wer man ist, wo man steht und was man will. Dann kann man daran arbeiten.

3) MACHE DIR MÖGLICHES SCHEITERN BEWUSST

Viele Menschen hetzen von einem Termin zum anderen durch ihr Leben. Oftmals liegt das nicht nur an demjenigen selbst, sondern auch an den Erwartungen von Kollegen, Freunden oder der Familie. Dadurch entsteht ein enormer Leistungsdruck, der sich durch Angst vor dem Scheitern, Frust und wenig Selbstvertrauen äußert. Im Umkehrschluss führt der Druck jedoch zu übermäßigem Perfektionismus, unerfüllbaren Erwartungen und schließlich zum Scheitern. Denn wer immer mehr will und über die Perfektion hinaus strebt, der wird über kurz oder lang am Ende seiner Kräfte sein. Unsere Ressourcen sind begrenzt und müssen somit sinnvoll unter den verschiedenen Bereichen des Lebens aufgeteilt werden. Dabei besteht in jeder Situation die Möglichkeit des Scheiterns.

Deshalb ist es wichtig, dass du dir selbst klar machst, dass das Scheitern ein natürlicher Aspekt des menschlichen Lebens ist. Scheitern bedeutet nicht, dass man wertlos oder nichtsnutzig ist. Scheitern bedeutet einfach, dass es in dem Moment zu anstrengend war, dass die Ziele zu hochgesteckt oder die Erwartungen utopisch waren. Aus diesem Grund sollte man nicht nach dem Scheitern aufgeben und sich auf das Problem konzentrieren, sondern stattdessen die Situation lösungsorientiert betrachten. Was ging schief und wieso? Was wollte ich eigentlich erreichen? Was kann ich immer noch durch meine Fähigkeiten und Kompetenzen erreichen?

Auch dabei ist es wichtig, optimistisch, realistisch und aktiv zu handeln.

Das kann am Anfang sehr schwierig sein. Deswegen kannst du zum Beispiel einen Kompromiss mit dir selbst schließen: Wenn du scheiterst, darfst du dich einen Tag lang so richtig mies fühlen. Du darfst dir Vorwürfe machen, dich bemitleiden und deine Zukunft schlecht machen. Doch am nächsten Tag ist Schluss damit. Stattdessen stehst du erhobenen Hauptes auf und machst weiter. Dafür hilft es, wenn du dich an deine Stärken erinnerst und den Blick lösungsorientiert in die Zukunft richtest. Außerdem kann es notwendig sein, dass du deine Grundeinstellung der Sache gegenüber veränderst. Benötigst du wirklich die 110 % oder genügen nicht auch 100 % oder sogar 80 %?

Wenn du geübt bist, dann kannst du die Zeit des Mies-Fühlens von einem Tag auf ein paar Stunden und schließlich auf ein paar Minuten einschränken. So stärkst du dein Handlungsvermögen und deine Resilienz. Zudem fördern die Akzeptanz des Scheiterns sowie der Umgang mit diesem die emotionale Entwicklung eines Menschen. Denn wenn du spürst, dass du die Kraft hast, um Krisen zu meistern, dann steigt dein Selbstwertgefühl, du bist zufriedener und hast noch mehr Stärke, um die nächste Hürde zu überwinden. Zudem ist dir gleichzeitig vielleicht auch wieder bewusst geworden, was für dich im Leben wirklich zählt und du kannst dich stärker auf diese

Aspekte fokussieren.

4) MACHE DIR DEINE EIGENEN BE-DÜRFNISSE BEWUSST

Neben Zielen, Wertvorstellungen und Erwartungen hat jeder Mensch auch Bedürfnisse. Jedoch kommen diese meistens zu kurz, sie werden als Schwäche wahrgenommen und bevorzugt ignoriert. Auf Dauer kann das zu Frust und Unzufriedenheit führen, was wiederum die Leistungsfähigkeit einschränkt. Stattdessen sollte man die Achtsamkeit sich selbst gegenüber trainieren. Was brauche ich im Moment? Habe ich die Kraft, weiter Leistung zu erbringen, oder muss ich eine Pause einlegen?

Unser Körper sendet uns eindeutige Signale der Schwäche, wie zum Beispiel Hunger, Durst, Müdigkeit, Konzentrationsschwierigkeiten oder Unruhe. Diese Anzeichen sollten wir ernst nehmen und darauf reagieren. Denn ein starker Körper ist die Grundvoraussetzung für einen starken Geist.

Aus diesem Grund solltest du dir Zeit für dich selbst nehmen. Wenn du gutes Essen liebst, dann koche frisch oder gehe ab und zu in ein Restaurant. Wenn der Sport, den du so gerne als Ausgleich nimmst, durch Druck und Termine zu kurz kommt, dann sag einmal Nein und höre auf dich selbst. Nur wer sich körperlich gut fühlt und den seelischen Bedürfnissen folgt, der kann seine Resilienz stärken.

Aus diesem Grund ist neben dem Stillen der körperlichen Ansprüche auch die Achtsamkeit den inneren Bedürfnissen gegenüber wichtig. Das kann bedeuten, dass man sich Zeit für sich allein nimmt, um ein Buch zu lesen, schwimmen zu gehen oder einfach ein bisschen Fernsehen zu schauen. Dieser Wunsch ist auch legitim, wenn man in einer festen Partnerschaft lebt oder eine Familie hat. Denn wenn man unzufrieden mit sich selbst ist, dann kann man weder sensibel mit den Mitmenschen umgehen noch dafür Kraft aufbringen, Ziele zu erreichen und Hürden zu meistern.

Außerdem ist das Beachten der eigenen Bedürfnisse ein wichtiger Aspekt zum Vorbeugen von Depressionen. Wer seine eigenen Wünsche oft unterdrückt, der wird unzufrieden und unglücklich. Dadurch besteht das Risiko, in depressive Stimmungen abzurutschen.

Des Weiteren können diese Auszeiten für sich selbst direkt beim Lösen von Problemen helfen. Denn während man joggt, entspannt, malt, backt oder auf welche Weise auch immer sich selbst zufrieden stellt, kann es gelingen, Dinge aus einer anderen Perspektive zu betrachten. Mit etwas Abstand zur Situation hat man manchmal kreative Ideen oder alternative Lösungen, die im direkten Moment nicht sichtbar wurden. Das Befriedigen der eigenen Bedürfnisse hat demnach vielseitige positive Wirkungen. Nimm dir deshalb einmal pro Woche mindestens eine Stunde nur Zeit für dich. Vielleicht hilft es am Anfang, diese Stunde als festen Termin in den Kalender einzutragen und sie auf diese Weise auch der Familie zu vermitteln. Dadurch kann es leichter für die anderen sein, deine Auszeit zu akzeptieren, und sie kann Normalität werden.

Zur Pflege der eigenen Bedürfnisse kann jedoch auch die Evaluation des sozialen Netzwerks beitragen. Nicht jeder Mensch in unserem Umfeld tut uns gut. Deswegen kann es hilfreich sein – so hart es auch klingt –, auszusortieren. Dazu kannst du zum Beispiel eine Liste mit allen Menschen in deinem Leben erstellen. Anschließend bewertest du jeden Einzelnen mit positiv oder negativ. Auf die positiv bewerteten Menschen kannst du stolz sein und den Kontakt intensivieren, denn sie tun dir gut und bestärken dich. Von den negativ bewerteten Menschen solltest du etwas Abstand nehmen, denn sie rauben dir mehr Kraft, als sie dir geben. Das kann aus einer aktuellen Situation resultieren und sich verändern, es kann jedoch auch dauerhaft so sein. Dein soziales Netzwerk soll eine Unterstützung für dich sein und entsprechend darfst du es gestalten.

5) MACH DIR DEINE INNEREN WÜNSCHE BEWUSST

Neben den Bedürfnissen hast du auch innere Wünsche, derer du dir vielleicht nicht wirklich bewusst bist. Das ist schade, denn das Sterben nach deinen inneren Zielen und deren (partielles) Erreichen können zur Stärkung deiner Resilienz beitragen. Aus diesem Grund solltest du herausfinden, was du im Inneren wirklich willst.

Denn wenn du weißt, was du willst, dann kannst du auf dieser Grundlage Entscheidungen treffen. Das ist wichtig, da es eine große Belastung darstellen kann, viele Entscheidungen offen zu haben. Außerdem kann das behindern und lähmen, da man so nicht handlungsfähig ist.

Aus diesem Grund kann es dir helfen, eine Liste mit allen offenen Entscheidungen zu erstellen. Diese kannst du dann von leichten zu schweren Entscheidungen sortieren, zum Beispiel erst die Kleiderfrage für die Feier, dann die Rechnungen und schließlich der eventuelle Jobwechsel. Anschließend musst du aktiv werden und die Verantwortung übernehmen. Beginne damit, jeden Tag eine Entscheidung zu treffen, und arbeite dich von leicht zu schwer voran. Denn durch Verdrängung und durch das Einnehmen der passiven Opferrolle vergrößern sich die Probleme nur. Stattdessen solltest du zügig entscheiden und handeln, um die Krise schnell zu überwinden. Dadurch kannst du vorankommen und Neues erleben. Sei offen und neugierig, rechne mit Veränderungen und trau dir selbst etwas zu. Dann kannst du schnell kleine Erfolge erleben. Diese solltest du feiern, da jeder Erfolg dein Selbstbewusstsein stärkt.

Ist dir die Last genommen, so kannst du offen und aufmerksam für deine inneren Wünsche werden. Das ist wichtig, denn nur so kannst du dir selbst in deinem Handeln treu bleiben und es fördert deine Stärke und das Überwinden von Krisen. Du musst deinen inneren Werten folgen, authentisch handeln und die Prioritäten in deinem Leben nach deinen eigenen Werten setzen. So erfährst du mehr Selbstwirksamkeit und kannst an deiner Resilienz arbeiten.

Das Stärken der eigenen Resilienz ist kein schneller oder leichter Prozess. Deswegen sollen diese Übungen dir helfen, Schritt für Schritt damit zu beginnen. Alle Tipps kannst du direkt in deinem Alltag umsetzen. So kann es dir gelingen, besser zu werden, dein Selbstvertrauen zu stärken, größere Probleme zu überstehen und eine hohe Resilienz zu entwickeln.

Bonus – 5 Techniken zur Stressbewältigung

In diesem Bonus-Kapitel soll es darum gehen, wie man gezielt Stress bewältigen kann. Jeder Mensch ist vielen Dingen gleichzeitig ausgeliefert: den eigenen Ansprüchen, den Vorstellungen des Partners oder der Partnerin, den Erwartungen der Freunde und Familie, den Forderungen der Kollegen und Arbeitgeber, den Bedürfnissen der Kinder, den Vorurteilen der Nachbarn und vieles mehr. Dadurch können schnell Stresssituationen entstehen. Das sind Situationen, in denen man sich überfordert, reizüberflutet und bedrängt fühlt. Diese Erfahrung kann akut in einem Moment vorherrschen oder aber auch über einen längeren Zeitraum anhalten.

Die folgenden fünf Techniken sind zur Anwendung in akuten Situationen gedacht. Allerdings beeinflussen sie im Endeffekt auch das generelle Stressempfinden auf positive Art. Denn wenn der akute Stress abgemildert wird, dann sinkt auch das Stresslevel insgesamt. Außerdem können die Bewältigungsstrategien in jeder Situation angewendet und passend abgewandelt werden.

1) DAS STRESSEMPFINDEN WAHRNEHMEN UND ANNEHMEN

Es fällt jedem schwer, sich eigene Fehler und Schwächen einzugestehen. In unserer Leistungsgesellschaft tritt dies besonders in Bezug auf Stress auf. Denn das Empfinden von Stress und Überlastung wird schnell als Zeichen von mangelnder Kompetenz, schwachem Willen und geringem Durchhaltevermögen gedeutet. Dabei ist das Stressempfinden nichts Bewusstes, das man in sich auslöst, sondern es ist ein Gefühl, das jeden Menschen in den unterschiedlichsten Situationen treffen kann. Denn jeder ist, wie er ist, und jeder reagiert individuell.

Aus diesem Grund ist die erste Bewältigungsstrategie das Akzeptieren des Stressempfindens. Es ist in Ordnung, wenn man sich so fühlt und man kann lösungsorientiert daran arbeiten – sobald man es sich eingestanden hat. Diese Erkenntnis darf gerne schon bei den ersten Anzeichen von Überlastung eintreffen, denn so hat man genügend Zeit und Ressourcen, um einem Zusammenbruch vorzubeugen und stattdessen konstruktiv die Situation hinter sich zu lassen.

Auf das Eingeständnis muss das Verständnis folgen. Was genau löst ein solches Stressempfinden in mir aus? Welcher Faktor ist entscheidend? Was müsste ich verändern und was kann ich verändern? Wenn man diese Fragen beantworten kann, dann kann man daran arbeiten und etwas verbessern. Dabei kann es helfen, in Ruhe über die Situation mit den einzelnen Einflussfaktoren nachzudenken. Außerdem unterstützt das schriftliche Ordnen der Gedanken diesen Prozess vielleicht. Eine Alternative ist das Gespräch mit einer Vertrauensperson, der man erzählen kann, wie man sich fühlt und weshalb. Dann kann man gemeinsam überlegen, welche Optionen und Lösungswege es gibt. Der Rat einer anderen Person und allein das Gefühl, unterstützt zu werden, können bereits sehr hilfreich sein. Wenn man weiß, dass man jemanden an seiner Seite hat, kann man ruhiger an die Lösung herantreten. Außerdem ist es wichtig, dass die engsten Vertrauten darüber Bescheid wissen, wie man sich fühlt, da sie nur dann verständnisvoll reagieren und rücksichtsvoll handeln können.

Des Weiteren ist diese offene Kommunikation neben dem Privatleben auch im Beruf bedeutsam. Denn wer sein Stressempfinden offenlegt, auf den kann man reagieren, zum Beispiel, indem Aufgaben umverteilt werden. Dabei sollte man keine Angst davor haben, als schwach wahrgenommen zu werden. Stattdessen ist es eigentlich ein Zeichen von Mut und Stärke, die eigenen Emotionen zugeben zu können. Es strahlt Selbstbewusstsein und eine gute Selbsteinschätzung aus, wenn man Stopp sagen und um Hilfe bitten kann.

Zudem ist es für den Umgang mit Stress besser, den Gefühlen freien Lauf zu lassen, anstatt sie mit sich herum zu tragen. Denn wenn man die negativen Gefühle in sich behält, dann scheinen sie immer größer und bedeutender zu werden, und sie beginnen, von innen an uns zu nagen. Im weiteren Verlauf wirkt das Problem immer größer und bedrohlicher und das empfundene Stresslevel steigt zusätzlich an. Wenn man aber die Emotionen freilassen kann, so ist es, als würde man eine Last abgeben. Man befreit sich von der negativen Energie und kann anschließend mit einem besseren Gefühl weitermachen. Dabei gibt es verschiedene Strategien, um die negative Energie loszuwerden: Man kann rennen, schreien, weinen, reden, auf etwas einschlagen oder etwas anderes tun, das in diesem Moment hilft. Eine andere Option ist es, sich bewusst eine Erholungsphase zu genehmigen, in der man etwas tut, das man gerne mag: Lesen, Musik hören, Sport, Fernsehen, Schlafen, Kochen, Stricken, Putzen, Freunde treffen, einen Ausflug unternehmen oder einfach einmal nichts tun.

2) DIE PERSPEKTIVE WECHSELN

Die zweite Stressbewältigungsstrategie bezieht sich auf das Einnehmen einer neuen Perspektive. In der akuten Situation wirkt ein Problem oder ein Ereignis oftmals sehr bedeutend. Doch versuche, inne zu halten, und frage dich, wie relevant und bedeutend die Situation tatsächlich für dein gesamtes Leben ist. Sind die Auswirkungen wirklich so weitreichend und verheerend? Gibt es Lebensbereiche, die nicht betroffen sind? Diese Gedanken können beruhigend wirken und aufzeigen, dass das Problem zeitlich und räumlich begrenzt ist und nicht so allumfassend, wie es in diesem Moment auf dich wirkt.

Zum anderen solltest du versuchen, die Perspektive von dir selbst wegzulenken. Wahrscheinlich empfindest du in Stresssituationen Enttäuschung, Versagen, Schuld, Scham, Wut, Traurigkeit oder viele andere negative Emotionen. Versuche, dich davon zu lösen und stattdessen das Problem möglichst neutral zu betrachten. So kannst du zu einer lösungsorientierten Sichtweise gelangen und an einem Ausweg arbeiten, statt festzustecken, weil du dich selbst verurteilst. Das liegt daran, dass bei hohem Stressempfinden Hormone ausgeschüttet werden, die das kreative und handlungsorientierte Denken hemmen. Deshalb ist es wichtig, sich zu beruhigen, die Emotionen zu kontrollieren und über verschiedene Lösungsmöglichkeiten nachzudenken.

Ein weiterer Aspekt des Perspektivenwechsels ist die

eigene Grundhaltung zum Stress. Emotionen sind subjektive Empfindungen, die jeder Mensch anders erlebt und deutet. Jedoch kann man sie auch beeinflussen und kontrollieren. Deswegen hilft es in Stresssituationen, das Empfinden von Stress als Gegebenheit zu akzeptieren, statt sich darüber zu ärgern. Anschließend kann man auch an der eigenen Einstellung arbeiten, indem man Stress nicht länger als dauerhaft, sondern als zeitlich begrenzt und veränderbar deutet. Nur so kann man sich aus dem Selbstmitleid und der passiven Opferrolle lösen und stattdessen lösungsorientiert denken und handeln. Dabei ist es wichtig, sich realistische Ziele zu setzen, optimistisch zu bleiben und die Verantwortung für sich selbst zu übernehmen.

Diese Veränderung der Grundhaltung kann man immer wieder in akuten Stresssituationen trainieren, um sie schließlich dauerhaft anzunehmen. Dadurch übernimmt man die Verantwortung, wird aktiv und handelt selbstbestimmt. Wichtige Voraussetzungen sind, dass man den hemmenden Perfektionismus ablegt, die Emotionen kennen und regulieren lernt, alte Denkmuster durchbricht und neue, optimistische Handlungen wagt. Frage dich, was genau dich stresst oder welche Auswirkungen es hat.

Denke darüber nach, was dir an der Situation Angst macht oder was dich verärgert. Wäge ab, was du empfindest und wie die tatsächliche Lage ist. Versuche, die Situation positiv zu betrachten, negative Denkmuster zu durchbrechen und optimistisch sowie lösungsorientiert vorzugehen.

Lerne dich selbst und deine Emotionen kennen und versuche, sie einzuschätzen und zu regulieren. Übe, Stresssituationen realistisch einzuschätzen und positiv zu betrachten. Dann schaffst du es nachhaltig, deine Perspektive zu wechseln und mit Stress besser umzugehen.

3) SICH NEU ORGANISIEREN

Bei der dritten Stressbewältigungsstrategie geht es um das eigene Management und die Work-Life-Balance. Ziel dabei ist hauptsächlich, dem Stress vorzubeugen, bevor er überhaupt entstehen kann.

Dazu ist es wichtig, den Alltag gut zu organisieren. Wer alle Termine, Verpflichtungen und Aufgaben im Blick hat, dem droht weniger Stress, da er gut vorberietet ist. Meistens ist es dabei hilfreich, nicht zu versuchen, sich alles im Kopf zu merken, sondern einen Kalender zu führen. Dies kann eine Tages-, Wochen- oder Monatsübersicht ganz klassisch auf Papier oder in einem Buch sein. Alternativ kann man auch auf eine der vielen digitalen Lösungen zurückgreifen und sich dabei sogar zusätzlich erinnern lassen, wenn man möchte.

Einer der wichtigsten Faktoren dieser Organisation ist das Zeitmanagement. Verliere dich nicht in Kleinigkeiten, sondern mache dir am Anfang des Tages bewusst, was oberste Priorität hat und auf jeden Fall erledigt werden muss und was verschoben werden kann, falls die Zeit knapp wird. So gerätst du nicht in unnötigen Stress, da die Reihenfolge und Wichtigkeit aller Aufgaben definiert ist. Zusätzlich dazu solltest du bewusst Pausenzeiten in deinen Zeitplan eintragen, zum Beispiel für Mahlzeiten, Ruhephasen und Entspannungsmomente. Das ist wichtig, denn diese Pausen geben dir neue Kraft, um anschließend motiviert weiterzumachen.

Am Anfang kann es sehr schwer sein, einen Zeitplan zu erstellen, die Dauer verschiedener Pflichten richtig einzuschätzen und die zeitlichen Vorgaben einzuhalten. Setze dich nicht unter Druck. Du musst das nicht sofort perfekt beherrschen. Die Zeiten in deinem Plan sollen nur einen Rahmen, nicht aber exakte Zeitvorgaben bilden. Im Gegenteil, reagiere flexibel, nimm dir Zeit, reflektiere deinen Plan und überarbeite und verbessere ihn für den nächsten Tag. Verändere deine Herangehensweise, decke alte Angewohnheiten auf und reduziere so dein Stressempfinden Stück für Stück.

Daraus folgen sollte im Idealfall eine ausgewogene Work-Life-Balance. Das bedeutet, dass Arbeit und Freizeit sich gut ergänzen sollten, sodass du zufrieden und gestärkt den Tag beendest. Du musst nicht arbeiten bis zum Umfallen, sondern du darfst auch Dinge tun, die dir Spaß machen. Andererseits solltest du deine Aufgaben nicht vernachlässigen, da sonst schnell Frust und Unzufriedenheit aufkommen können. Wichtig ist, dass du die individuell für dich richtige Waage zwischen Arbeit und Vergnügen findest, dich selbst glücklich und zufrieden machst und entspannter werden kannst.

Wenn dir das schwerfällt, dann kannst du anfangen, bewusst Erholungssituationen in dein tägliches Zeitmanagement einzuplanen. Darunter kann zum Beispiel Sport wie Joggen, Schwimmen oder Yoga fallen. Außerdem kannst du Spaziergänge oder Radtouren in die Natur einplanen, dich bewusst mit Freunden verabreden, mit Büchern oder Filmen entspannen oder dir einfach einmal eine Auszeit vom Smartphone genehmigen. Zudem kann es helfen, die Wohnung oder den Arbeitsplatz so zu gestalten, dass du dich wohl fühlst. Schaffe Ordnung, besorge Pflanzen und stelle ein kleines Bild von deiner Familie auf. Tu alles, um dich so zu organisieren, dass du dich wohlfühlst und Stress vermieden wird.

4) KÖRPERLICH GEGEN DEN STRESS ANKÄMPFEN

Die vierte Stressbewältigungsstrategie handelt von körperlichen Maßnahmen gegen Stress.

Das Empfinden von Stress wird durch bestimmte Abläufe im Gehirn und das Ausschütten von Stresshormonen wie Cortisol erzeugt. Demnach hat Stress körperliche Ursachen. Aus diesem Grund kann man auf körperlicher Ebene dem Stress entgegenwirken. Dazu gibt es verschiedene Methoden, die jeder für sich selbst ausprobieren, anpassen und variieren kann.

Die wichtigste, oben bereits erwähnte Methode ist der Sport. Das liegt daran, dass der Körper die überschüssige Energie, die sich durch Stress in ihm ansammelt, durch Sport einfach und schnell loswerden kann. Stresshormone werden abgebaut und die Psyche wird durch die Anstrengung abgelenkt. Dadurch kann man – so paradox das wirken mag – durch den Kraftaufwand beim Sport Entspannung erzeugen, für Körper und Geist. Dafür eignet sich jede Sportart: Fußball, Tanzen, Wandern, Radfahren, Walken, Schwimmen, Tennis und vieles mehr. So

kann jeder einen Sport finden, der ihm hilft, Energie loszuwerden, zu entspannen und so neue Ressourcen für
den Alltag zu generieren.

Eine andere Methode zur körperlichen Stressbewältigung ist die Ernährung. Das Verdauen von fett- oder
zuckerhaltigen Lebensmitteln kostet den Körper viel
Kraft und macht ihn schlapp. Dadurch stellt es eine zu-
sätzliche Belastung zum Stress dar. Stattdessen sollte man
lieber auf gesunde, leichte Ernährung achten und so den
Körper entlasten. Dazu gehört es, viel Wasser zu trinken
und auf gesunde Lebensmittel wie Fisch, Obst, Kartof-
feln oder Gemüse zurückzugreifen.

5) ENTSPANNUNGSTECHNIKEN

Die fünfte Stressbewältigungsstrategie befasst sich mit gezielten Entspannungstechniken. Diese können dir helfen, akute Situationen zu überstehen, aber auch dabei, dein generelles Stresslevel zu senken. Du wirst ausgeglichener und belastbarer. Der Vorteil dieser Methoden ist, dass du sie immer wieder nebenbei im Alltag anwenden und in deine Routinen integrieren kannst.

Ein Beispiel ist die Regulation der Atmung. Wer nervös ist, der atmet schneller. Dadurch sinkt der anteilmäßige Gehalt des Sauerstoffs im Blut und man wird unkonzentrierter. Fokussiere dich in Stresssituationen auf deine Atmung, atme bewusst und langsam. So hilfst du deinem Körper automatisch, sich zu entspannen.

Ein weiteres Beispiel ist die progressive Muskelentspannung. Auch diese Methode kann einfach in den Alltag integriert werden. Dabei geht es darum, einzelne Muskelgruppen bewusst anzuspannen, um sie anschließend bewusst zu entspannen. Dadurch stellt sich im gesamten Körper und Geist ein Gefühl der Ruhe und Entspannung ein.

Weitere Methoden sind Autogenes Training, Meditation oder Traumreisen. Diese Techniken eignen sich jedoch bevorzugt dafür, sich bewusst Zeit zu nehmen und dies zu trainieren. Dabei kann man sich durch Anleitungen, Musik oder eine ruhige Umgebung unterstützen.

Stress ist eine Empfindung, die jeden treffen kann. Allerdings gibt es Methoden, um das Stressempfinden zu regulieren oder diesem sogar vorzubeugen. Dazu gehören Akzeptanz, Organisation und das Anwenden bestimmter trainierbarer Techniken. Schließlich kann man die eigenen Emotionen besser regulieren, kompetenter mit Stress umgehen und so zufriedener und selbstsicherer leben. Das kann auch Depressionen vorbeugen. Außerdem hilft ein unabhängiger Umgang mit Stress auch in der Stärkung des Selbstwertgefühls und der Resilienz und trägt so zu einem besseren Lebensgefühl bei.

Wage es, traue dich und arbeite an dir selbst!

© Sebastian Sylwestrzak 2020

2. Auflage

Kontakt: Bremer Str.163b, 27751 Delmenhorst

www.ingramcontent.com/pod-product-compliance
Lightning Source LLC
Chambersburg PA
CBHW070852260726
48661CB00004B/1371